WELCOME *to* WELSH

A 16 part Welsh course, complete in one volume,
with basic dictionary

T0332271

HEINI GRUFFUDD

AUDIO FILES
All the conversations in this course
are available as free audio files and
are downloadable from our website:
www.ylolfa.com.
Simply go to *Welcome to Welsh* and
copy the link into your browser.

Diolch i Huw Meirion Edwards am y gwaith golygu manwl,
i Osian Roberts am y cartwnau, i Richard Huw Pritchard am
y dylunio, ac i'r Lolfa am yr ysbrydoliaeth a'r gofal.

This course is a completely revised and updated version of
Welcome to Welsh, which first appeared in 1984.

First edition: 1984
15th impression: 2006
This revised edition: 2023

© Y Lolfa Cyf. & Heini Gruffudd 1984, 2023

Illustrations: Osian Roberts / osian99@gmail.com
Design: Richard Huw Pritchard / post@richgraffeg.com

ISBN 978-1-80099-332-7

Printed and published in Wales
by Y Lolfa Cyf., Talybont, Ceredigion SY24 54HE
ylolfa@ylolfa.com
tel. 01970 832 304
www.ylolfa.com

INTRODUCTION

This course is intended for people learning Welsh on their own.

The work involved would take a year or two at evening classes – so take your time.

Work thoroughly through each exercise, and master them thoroughly before going on.

Test yourself at each stage – particularly the 'cover one side' sections. Do these many times until perfect.

Try to understand the conversations and the picture conversations by reading them several times before looking at the translations.

This book is also very useful for anyone attending evening classes, as an 'exerciser' and for practice in reading and translating Welsh.

Heini Gruffudd

CONTENTS

PRONUNCIATION

Welsh is much easier to pronounce than English. Every letter has its own sound. There are no silent letters. Most letters have only one basic sound. The accent is almost always on the last but one syllable, e.g.

radio   **rah**dyo   radio

In Welsh, the following are vowels:

a e i o u w y

The vowels can be long or short:

Vowel	Rough guide	
A	ah	as in 'hard' or 'ham'
E	eh	as in 'sane' or 'self'
I	ee	as in 'see' or 'sin'
O	oh	as in 'ore' or 'pond'
U	ee	as in 'tea' or 'tin'. In north Wales it is more similar to the French 'u'.
W	oo	as in 'low'
Y	ee /i /uh	as in 'tea' or 'tin' or 'run'

Two vowels together:

AE	ahee	as in 'aye, aye, sir'
WY	ooee	as in 'de Bruine'
OE	ohee	as in 'boy'
YW	ihoo	as in 'tune'

Most consonants are as in English, e.g.

B	b	as in 'bag'
D	d	as in 'dog'
Ff	ff	as in 'off'
H	h	as in 'hat'
J	j	as in 'jam'
L	l	as in 'lamp'
M	m	as in 'mum'
N	n	as in 'night'
P	p	as in 'pen'
T	t	as in 'tent'

Other consonants (some of these vary in English):

C	k	
Ch	ch as in 'loch'	
Dd	voiced as in 'this'	
F	v as in 'of'	
G	as in 'got'	
Ng	ng as in 'king'	
Ll	put your tongue ready for 'l', but blow as in 'Llanelli'	
Ph	ph as in 'philosophy'	
R	always rolled, as in 'rag' (not 'wag')	
Rh	rh as in 'Rhondda'	
S	always voiceless as in 'song'	
Th	always voiceless as in 'thing'	

HELÔ

THE WELSH ALPHABET

When looking up words in a Welsh dictionary, it's worth noting that the Welsh alphabet is a little different to the English alphabet:

A B C **CH** D **DD** E F **FF** G **NG** H I J L **LL** M N O P **PH** R **RH** S T **TH** U W Y

 Practise saying these words, which are quite similar to English:

IN AND AROUND THE HOME

bin	*bin*	bin
bylb	*buhlb*	bulb
carped	*karpehd*	carpet
cloc	*klok*	clock
fflat	*phlat*	flat
ffôn	*phohn*	telephone
fforc	*phork*	fork
gât	*gaht*	gate
jar	*jar*	jar
lamp	*lamp*	lamp
mam	*mam*	mother
mat	*mat*	mat
parti	*pahrtee*	party
plât	*plaht*	plate
potel	*pohtehl*	bottle
radio	*rahdyo*	radio
record	*rehkord*	record
sinc	*sink*	sink
soser	*sohsehr*	saucer
tywel	*tuhooehl*	towel
wal	*wal*	wall

FOOD AND DRINK

banana	*banana*	banana
coffi	*kophee*	coffee
ham	*ham*	ham
jam	*jam*	jam
lemwn	*lehmoon*	lemon
oren	*ohrehn*	orange
siwgr	*shoogoor*	sugar
te	*teh*	tea

AROUND TOWN

capel	*kapehl*	chapel
coleg	*kolehg*	college
hostel	*hostehl*	hostel
sinema	*sinema*	cinema
siop	*shop*	shop
stryd	*streed*	street
theatr	*theahtr*	theatre

TRANSPORT

beic	*beheek*	bike
bws	*boos*	bus
car	*kar*	car
tacsi	*taksy*	taxi
trên	*trehn*	train

CLOTHES

blows	*blohoos*	blouse
cardigan	*kardigan*	cardigan
ffrog	*phrog*	frock
het	*het*	hat
poced	*pohkehd*	pocket
pyjamas	*puhjamas*	pyjamas
sgarff	*sgarff*	scarf
siwt	*sioot*	suit
tei	*tehee*	tie
trowsus	*trohoosis*	trousers

SPORT

cic	*kik*	cick
criced	*krikehd*	cricket
gêm	*gehm*	game
gôl	*gohl*	goal
hoci	*hocky*	hockey
rygbi	*ruhgby*	rugby

AT WORK

banc	*bank*	bank
clip	*klip*	clip
copi	*kopee*	copy
cwrs	*koors*	course
cwsmer	*koosmer*	customer
ffatri	*ffatry*	factory
inc	*ink*	ink
lwc	*look*	luck
map	*map*	map
marc	*mark*	mark
munud	*mihnihd*	minute
papur	*pahpir*	paper
plastig	*plastig*	plastic
preifat	*preheevat*	private
pris	*prees*	price
tasg	*tasg*	task
tri	*tree*	three

COLOURS

brown	*brohoown*	brown
oren	*ohren*	orange
pinc	*pink*	pink

HEALTH/ILLNESS

canser	*kansehr*	cancer
ffit	*ffit*	fit
ffliw	*fflioo*	flu
pyls	*puhls*	pulse

ANIMALS

camel	*kamel*	camel
cath	*kahth*	cat
eliffant	*eliffant*	elephant

COUNTRIES & CONTINENTS

America	*ahmehrika*	America
Awstralia	*ahoostrahlya*	Australia
Awstria	*ahoostrya*	Austria
Ewrop	*Ehoorop*	Europe
Rwsia	*roosha*	Russia

LITERATURE

act	*akt*	act
Beibl	*beheebl*	Bible
drama	*drama*	drama
nofel	*novel*	novel
stori	*story*	story

PEOPLE

postmon	*postmon*	postman
plismon	*plismon*	policeman

MUNUD

MIHNIHD

Dweud helô — Saying hello

Bore da! *boreh dah*	Good morning!
Pnawn da! *pnahoon dah*	Good afternoon!
Noswaith dda! *nohswehth thah*	Good evening!
Nos da! *nos dah*	Good night!
Helô! *hehloh*	Hello!
Shwmae! *shoomahee*	Hello!
Shwd y'ch chi *shood eech chee*	How are you? *(used in south Wales)*
Sut dach chi? *sit dahch chee*	How are you? *(used in north Wales)*
Diolch *deeohlch*	Thanks
Da iawn, diolch *dah eeahoon deeohlch*	Very well, thanks
Esgusodwch fi *ehsgisohdooch vee*	Excuse me
Hwyl fawr! *hooeel vahoor*	Goodbye!
Pob hwyl! *pohb hooeel*	All the best!
Siân dw i *shahn doo ee*	I'm Siân
Mae'n flin 'da fi *maheen vleen dah vee*	I'm sorry *(used in south Wales)*
Mae'n ddrwg gen i *maheen ddroog gehn ee*	I'm sorry *(used in north Wales)*

Try out this conversation by hiding one side:

SGWRS 1

SGWRS 1 CONVERSATION 1

DWEUD HELÔ — SAYING HELLO

DWEUD HELÔ	SAYING HELLO
Bore da, Siân.	Good morning, Siân.
Bore da, Dai. Shwd y'ch chi?	Good morning, Dai. How are you?
Da iawn, diolch. Sut dach chi?	Very well, thanks. How are you?
Da iawn, diolch!	Very well, thanks!
O, da iawn.	Oh, very good.
Pob hwyl!	All the best!
Hwyl fawr!	Goodbye.

1 Around the house
O gwmpas y tŷ

IN THIS PART:

- Making statements: present tense
- Making negative statements
- Asking questions
- Weather

MAKING STATEMENTS

- *Welsh sentences start with a verb (e.g. **Mae** is), then the pronoun or noun comes second. Use words from the columns to make sentences:*

①

Dw i	I am
doo ee	
Rwyt ti	you are
rooeet tee	
Mae e	he is
mahee eh	
Mae hi	she is
mahee hee	
Mae car	a car is
mahee kar	
Mae'r gŵr	the husband is
maheer goor	
Mae Siân	Siân is
mahee shahn	
Mae'r plant	the children are
maheer plant	
Dy'n ni	we are
deen nee	
Dych chi	you are
deech chee	
Maen nhw	they are
maheen noo	

②

'n dod	coming
n dohd	
'n mynd	going
n mihnd	
'n yfed	drinking
n uhved	
'n bwyta	eating
n booeetah	
'n cael	having
n kaheel	
'n gwneud	doing
n gooneheed	
'n cerdded	walking
n kehrddehd	
'n rhedeg	running
n rhehdehg	
'n darllen	reading
n dahrllehn	
'n glanhau	cleaning
n glanhaee	
'n gweithio	working
n gooeheetheeoh	
'n cael	having
'n kaheel	

- **Ti** *is used when talking to one friend or relative or dog.*
- **Chi** *is used when talking to many people or to someone you don't know, or to a camel (joke!).*
- **'n** *reverts to* **yn** *after consonants, e.g.* **Mae Siân yn mynd.** *Siân is going.*

3

ar	on	**yn**	in
ahr		*uhn*	
i'r	to the	**at**	to, towards
eer		*aht*	
wrth	by, near		
oorth			

- **Y** (the) *changes to* **yr** *before vowels (a,e,i,o,u,w,y), e.g.*
  yn yr ardd   in the garden
- **Y** *changes to* **'r** *after a vowel, e.g.* **i'r tŷ**   to the house

4

y tŷ	the house
uh tee	
y gegin	the kitchen
uh gehgihn	
y stafell	the room
uh stahvehll	
yr ardd	the garden
uhr ahrdd	
y cwpwrdd	the cupboard
uh koopoordd	
y gwely	the bed
uh gooehlee	
y bwrdd	the table
uh boordd	
y grisiau	the stairs
uh grisieh	
y drws	the door
uh droos	
y gadair	the chair
uh gahdaheer	
y ffenest	the window
uh phehnehst	
y dre(f)	the town
uh dreh(v)	

5

nawr	now
nahoor	
heno	tonight
hehnoh	
heddiw	today
heddihoo	
yn gyflym	quickly
uhn guhvlihm	
yn dda	well
uhn ddah	
yn wael	badly
uhn waheel	
yn araf	slowly
uhn ahrahv	
yn ddrwg	poorly, naughtily
uhn ddroog	
yn lân	cleanly
uhn lahn	
yn frwnt	dirtily
uhn vroont	
yn gynnar	early
uhn guhnahr	
yfory	tomorrow
uhvohree	

- *Welsh words are either masculine or feminine. Some are very modern and can be both.*
- *Don't mind which is which at the moment, but, e.g.*
  Masculine: **tŷ, cwpwrdd, gwely, bwrdd, drws**
  Feminine: **cegin, stafell, gardd, cadair, ffenest**
  You'll have noticed above that the first letter of feminine words can change after **y**.

Now make as many sentences as you can by joining the following combination of columns:

Examples:

1 + 2	**Dw i'n dod.**	I'm coming.
	Mae e'n cerdded.	He's walking.
	Dy'n ni'n bwyta.	We're eating.
1 + 2 + 3 + 4	**Mae e'n cerdded i'r tŷ.**	He's walking to the house.
	Dw i'n gweithio yn y tŷ.	I'm working in the house.
	Maen nhw'n gweithio yn yr ardd.	They're working in the garden.
1 + 3 + 4	**Mae hi yn yr ardd.**	She's in the garden.
	Dych chi yn yr ardd.	You're in the garden.
	Mae hi yn y tŷ.	She's in the house.
1 + 3 + 4 + 5	**Mae Siân yn y gegin heno.**	Siân's in the kitchen tonight.
	Dw i yn y tŷ heno.	I'm in the house tonight.
	Mae e yn y dref heddiw.	He's in town today.
1 + 2 + 5	**Maen nhw'n rhedeg yn gyflym.**	They're running quickly.
	Mae e'n darllen yn gyflym.	He's reading quickly.
	Mae hi'n gweithio'n araf.	She's working slowly.
1 + 2 + 3 + 4 + 5	**Dy'n ni'n bwyta yn y tŷ heddiw.**	We're eating in the house today.
	Mae e'n gweithio yn y tŷ heddiw.	He's working in the house today.
	Dy'n ni'n gweithio yn y dre yfory.	We're working in town tomorrow.

Column 2 can be followed by a noun, before proceeding with any of the other columns:

e.g. **Dw i'n glanhau'r gegin.**   I am cleaning the kitchen.

Here are more nouns you can use:

Dw i'n bwyta ...

brecwast	breakfast	**cinio**	lunch, dinner	**swper**	supper
brehkooast		*kihneeo*		*soopehr*	

Dw i'n bwyta brecwast.   I'm eating breakfast.
Mae hi'n bwyta cinio.   She's eating lunch.
Maen nhw'n bwyta swper.   They're eating supper.
Dy'n ni'n bwyta cinio yn y gegin. We're eating lunch in the kitchen.
Dych chi'n bwyta cinio yn y dre.   You're eating lunch in town.

Dw i'n yfed ...

cwrw	beer	**te**	tea	**coffi**	coffee
kooroo		*teh*		*kophee*	

Dy'n ni'n yfed te yn y gegin.   We're drinking tea in the kitchen.
Maen nhw'n yfed coffi yn y bore.   They're drinking coffee in the morning.
Dw i'n yfed cwrw yn y dre heno.   I'm drinking beer in town tonight.

There is no word in Welsh for 'a' – it is simply omitted.
Take an evening or two to master all this before going on. Learn the words and make
sentences. When you are ready, go on.

ASKING QUESTIONS
This is easy: replace column 1 with these:

Dw i ... ?	Am I ... ?	**Ydy'r gŵr ... ?**	Is / Does the husband ... ?
Doo ee		*Uhdeer goor*	
Wyt ti ... ?	Are you ... ? Do you ... ?	**Dych chi ... ?**	Are you ... ? Do you ... ?
Ooeet tee		*Deech chi*	
Ydy e ... ?	Is he ... ? Does he ... ?	**Dy'n ni ... ?**	Are we ... ? Do we ... ?
Uhdee eh		*Deen nee*	
Ydy hi ... ?	Is she ... ? Does she ... ?	**Dy'n nhw ... ?**	Are they ... ? Do they ... ?
Uhdee hee		*Deen noo*	
Ydy Siân ... ?	Is Siân ... ? Does Siân ... ?	**Ydy'r plant ... ?**	Are / Do the children ... ?
Uhdee shahn		*Uhdeer plahnt*	

Now join column 1a with the other columns in the same combination as with sentences,

Examples:

1a + 2 + 5:	**Dy'n ni'n mynd heno?**	Are we going tonight?
	Dych chi'n dod yfory?	Are you coming tomorrow?
	Ydy e'n gweithio yfory?	Is he working tomorrow?
1a + 2 + 3 + 4	**Ydy'r plant yn bwyta yn y gegin?**	Are the children eating in the kitchen?
	Dych chi'n gweithio yn y dref?	Are you working in town?
1a + 2 + 3 + 4 + 5	**Wyt ti'n mynd i'r dref heddiw?**	Are you going to town today?
	Dych chi'n dod i'r tŷ heno?	Are you coming to the house tonight?
	Wyt ti'n mynd i'r dref heno?	Are you going to town tonight?
	Ydy hi'n gweithio yn y tŷ heddiw?	Is she working in the house today?

 Master these before going on. Don't go out: spend an evening on this!

Answer 'YES' and 'NO'

Na	no
Ydw	yes (I am)
Ydy	yes (he is, she is)
Ydyn	yes (we are, they are)
Ydych	yes (you are)
Wyt	yes (you are)

Examples:

Dych chi'n dod heno?	Are you coming tonight?
Ydw, dw i'n dod.	Yes, I'm coming.
Ydyn, dy'n ni'n dod.	Yes, we're coming.
Ydy e yn y tŷ heddiw?	Is he in the house today?
Na, mae e yn yr ardd.	No, he's in the garden.

Cover one side to test yourself: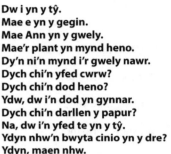

Dw i yn y tŷ.	I'm in the house.
Mae e yn y gegin.	He's in the kitchen.
Mae Ann yn y gwely.	Ann is in bed.
Mae'r plant yn mynd heno.	The children are going tonight.
Dy'n ni'n mynd i'r gwely nawr.	We're going to bed now.
Dych chi'n yfed cwrw?	Are you drinking beer?
Dych chi'n dod heno?	Are you coming tonight?
Ydw, dw i'n dod yn gynnar.	Yes, I'm coming early.
Dych chi'n darllen y papur?	Are you reading the paper?
Na, dw i'n yfed te yn y tŷ.	No, I'm drinking tea in the house.
Ydyn nhw'n bwyta cinio yn y dre?	Are they eating lunch in town?
Ydyn, maen nhw.	Yes, they are.

More words for you to use:

y ferch	the girl
uh vehrch	
y bachgen	the boy
uh bachgehn	
y dyn	the man
uh deen	
y fenyw	the woman
uh vehnioo	
y plentyn	the child
uh plehntin	
y gŵr	the husband
uh goor	
y wraig	the wife
uh ooraheeg	

Mae'r ferch yn cael brecwast yn y gegin.	The girl is having breakfast in the kitchen.
Ydy'r dyn yn gweithio yn y dre?	Is the man working in town?
Ydy, ac mae'r fenyw yn gweithio yn y tŷ.	Yes, and the woman is working in the house.
Mae'r bachgen yn yfed te yn y bore.	The boy's drinking tea in the morning.

NEGATIVE STATEMENTS

Replace column 1 with the following:

1B

Dw i ddim	I'm not
Doo ee ddihm	
Dwyt ti ddim	You're not
Dooeet tee ddihm	
Dydy e ddim	He isn't
Duhdee eh ddihm	
Dydy hi ddim	She isn't
Duhdee hee ddihm	
Dydy Ann ddim	Ann isn't
Duhdee Ann ddihm	
Dy'n ni ddim	We aren't
Deen nee ddihm	
Dych chi ddim	You aren't
Deech chee ddihm	
Dy'n nhw ddim	They aren't
Deen noo ddihm	
Dydy'r plant ddim	The children aren't
Duhdeer plant ddihm	

- **Dydy** can also be **dyw** (*dihoo*), e.g.
  Dyw e ddim yn dod. *He isn't coming.*

Some new words:

llyfr	book
lluhvr	
papur	paper
papihr	
car	car
kahr	
gwin	wine
gooeen	
te	tea
teh	
coffi	coffee
kophee	

Now join column 1b to columns 2, 3, 4 and 5, e.g.

1b + 3 + 4	**Dw i ddim yn yr ardd.**	I'm not in the garden.
	Dy'n ni ddim yn y tŷ.	We're not in the house.
1b + 2 + 5	**Dy'n ni ddim yn bwyta heno.**	We're not eating tonight.
	Dydy e ddim yn gweithio yfory.	He's not working tomorrow.
1b + 2 + 3 + 4	**Dydy hi ddim yn cerdded i'r dre.**	She's not walking to town.
	Dy'n ni ddim yn mynd i'r dre.	We're not going to town.
1b + 2 + coffi	**Dyw e ddim yn yfed coffi.**	He's not drinking coffee.
1b + 2 + y papur	**Dyw hi ddim yn darllen y papur.**	She's not reading the paper.
1b + 2 + 3 + 4	**Dydy hi ddim yn mynd i'r tŷ.**	She's not going to the house.
	Dy'n ni ddim yn gweithio yn yr ardd.	We're not working in the garden.
1b + 3 + 4 + 5	**Dy'n ni ddim yn y tŷ nawr.**	We're not in the house now.
	Dyw hi ddim yn y dre yfory.	She's not in town tomorrow.

Cover one side to test yourself:

Dw i ddim yn mynd heno.	I'm not going tonight.
Dyw hi ddim yn braf heddiw.	It's not fine tonight.
Dy'n ni ddim yn mynd i'r dref.	We're not going to town.
Dyw Huw ddim wrth y drws.	Huw isn't by the door.
Dy'n nhw ddim yn y gegin.	They're not in the kitchen.
Dwyt ti ddim yn gwerthu'r car.	You're not selling the car.
Dych chi ddim yn yfed.	You're not drinking.
Dych chi ddim yn darllen y papur.	You're not reading the paper.

Answer **Na** *to these and say what you're doing:*

Dych chi yn yr ardd nawr?
Dych chi'n yfed cwrw heno?
Dych chi'n darllen y papur nawr?
Dych chi'n gwerthu'r car heddiw?

Tywydd / Weather

Mae hi'n braf.	It's fine.
Mae hi'n oer.	It's cold.
Mae hi'n dwym.	It's warm.
Mae hi'n bwrw glaw.	It's raining.
Mae hi'n bwrw eira.	It's snowing.
Mae hi'n wyntog.	It's windy.
Mae hi'n wlyb.	It's wet.
Mae hi'n heulog.	It's sunny.
Mae hi'n niwlog.	It's misty.
Ydy, mae.	Yes, it is.

Dydy hi ddim yn bwrw eira.	It's not snowing.
Dyw hi ddim yn braf.	It's not fine.
Dydy hi ddim yn bwrw glaw.	It isn't raining.
Dyw hi ddim yn oer.	It's not cold.

Try this conversation:

Bore da!	**Bore da! Shwmae heddi?**
Da iawn, diolch. A chi?	**Da iawn. Mae hi'n wyntog!**
Ydy, mae hi'n oer!	**Mae hi'n bwrw glaw.**
Ydy, mae.	**Ac mae hi'n niwlog!**
Dw i'n mynd adre nawr.	**A fi.**
Hwyl fawr!	**Pob hwyl!**

Some more verbs:

Gallu — to be able to, can
Gahllee

Hoffi — to like
Hophee

Moyn — to want
Moheen

Dych chi'n hoffi coffi?	Do you like coffee?
Dych chi'n moyn gwin?	Do you want wine?
Mae e'n gallu darllen.	He can read.
Dydy hi ddim yn hoffi te.	She doesn't like tea.

 Spend an evening or two to master this before going on.

Ask more questions:

Ble? — Where?
Bleh

Sut? — How?
Sit

Beth? — What?
Behth

Use these before Column 1, e.g.

Ble maen nhw'n mynd heno?	Where are they going tonight?
Beth dych chi'n prynu?	What are you buying?
Ble dy'n ni'n bwyta heno?	Where are we eating tonight?
Sut mae e'n dod?	How is he coming?
Sut maen nhw'n mynd?	How are they going?
Beth dych chi'n gwerthu?	What are you selling?

Answer:

Ble dych chi'n mynd heno?
Beth dych chi'n bwyta heddiw?
Dych chi'n hoffi gwin?
Dych chi'n hoffi te?

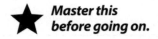 **Master this before going on.**

You now have the basis of spoken Welsh. Past and future tenses of the verb will be built on this foundation, so learn it well.

Some useful verbs:

Gweld — to see
Gooehld

Clywed — to hear
Kluhooehd

Credu — to believe
Krehdee

Dw i'n clywed car yn dod.	I hear a car coming.
Dy'n ni'n gweld bws yn mynd.	We see a bus going.

STORI 1:
Gwerthu ffenestri /
Selling windows

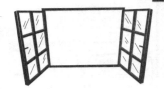

This is the first cartoon story in this book. There are 16 stories.

Before reading the cartoons, try to get used to the vocabulary for any words you're not sure of.

Try to read the Welsh without looking at the English translation underneath the pictures, but look at the translation afterwards, to make sure you're correct.

Do this with all the pictures.

Then read the Welsh again, without looking at the English.

a	and	**gwerthu**	to sell
agor	to open	**gwybod**	to know
ateb	to answer	**hyfryd**	lovely
cau	to close	**i**	for, to
cer!	go!	**iawn**	very
da iawn	very well, very good	**lolfa**	lounge
daro	dear, damn	**mas**	out
dewch mewn!	come in!	**noswaith dda**	good evening
dewch!	come!	**o**	of
ewch!	go!	**ond**	but
hefyd	also, as well	**prynu**	to buy
edrych	to look	**shwmae**	hello, how are you?
edrychwch!	look!	**siop**	shop
ewch!	go!	**stafell wely**	bedroom
felly	therefore	**wedi**	has, have
ffenest	window	**wedi blino**	tired
ffenestri	windows	**wrth gwrs**	of course
golchi	to wash	**yn dda**	good, well
gweithio	to work	**yn galed**	hard
gweld	to see		

– Good evening, I'm selling windows. Do you want to buy windows?
– Hello, come in! Yes, I want to buy windows!

– Very good. Look!
– Oh, I like the windows. Do you sell windows for the lounge?

– Yes, of course! Look!
– They're lovely. I want to buy windows for the lounge. Do you sell a window for the bedroom?
– Yes, of course.
– Come to the bedroom. You work hard!

– Yes, I work hard!
– Do you want coffee?
– Yes, thanks, I like coffee.

Do you sell doors for the house?
Yes, there are pictures in this book.
I like the doors. I want to buy a front door and a back door.

– Very good. So: windows for the lounge, windows for the bedroom, front door, back door.
– What is the cost?
– They cost £10,000 – ten thousand pounds.

Thanks! The husband is at the door.
Hello, Dai! I'm buying windows and doors for the house!
Oh dear! I've bought windows for the house in town today!

Answer these:

Ble wyt ti'n byw?

Ble wyt ti'n gweithio?

Wyt ti'n hoffi gweithio yn y tŷ?

Wyt ti'n hoffi gweithio yn yr ardd?

Wyt ti'n hoffi yfed te?

Beth wyt ti'n hoffi yfed?

Wyt ti'n hoffi darllen?

Wyt ti'n hoffi cerdded?

Remember: **yn** = in; **ydw** = yes; **na** = no

What have you done?
Beth dych chi wedi gwneud?

IN THIS PART:

- Making statements, past perfect tense
- Useful openers
- Some commands

- Questions and negative statements
- Phrases of time
- Vocabulary for meeting people

os felly   if so

Cover one side to test yourself:

SGWRS 2 CONVERSATION 2   **SGWRS 2**

GWERTHU TOCYNNAU   SELLING TICKETS

Alun:	**Noswaith dda!**	Good evening!
Siân:	**Shwmae heno? Croeso! Dewch mewn.**	How are you tonight? Welcome! Come in!
Alun:	**Diolch yn fawr.**	Thank you very much.
Siân:	**Dewch i'r gegin. Dw i'n gwneud te.**	Come to the kitchen. I'm making tea.
Alun:	**Dych chi'n gweithio'n galed?**	Are you working hard?
Siân:	**Na, ond dw i wedi blino.**	No, but I'm tired.
Alun:	**Dw i'n gwerthu ...**	I'm selling ...
Siân:	**O na, dych chi ddim yn gwerthu ffenestri?**	Oh no, you're not selling windows?
Alun:	**Na, dw i'n gwerthu tocynnau.**	No, I'm selling tickets.
Siân:	**Os felly, tocynnau i beth?**	If so, tickets for what?
Alun:	**Tocynnau i gìg yn y clwb.**	Tickets for a gig in the club.
Siân:	**Wyt ti'n mynd?**	Are you going?
Alun:	**Mae Mair a fi'n mynd.**	Mair and I are going.
Siân:	**Mae Tomos yn gweithio heno.**	Tomos is working tonight.
Alun:	**Wyt ti'n gallu dod?**	Can you come?
Siân:	**Ydw, dw i'n dod.**	Yes, I'm coming.

Useful openers

Ble dych chi'n byw?	Where do you live?	**O ble dych chi'n dod?**	From where to you come?
Dych chi'n dod yma'n aml?	Do you come here often?	**Ble dych chi'n gweithio?**	Where do you work?
Alun dw i.	I'm Alun.	**Pwy dych chi?**	Who are you?

Wedi   *has / have*

To change a sentence from the present tense to the past (sometimes called 'perfect') tense, simply replace **yn** *with* **wedi**. *In English you use* have *or* has. *What's easier about Welsh is that the verb does not change, as it does in English, e.g.*

Dw i'n mynd.	I'm going.
Dw i wedi mynd.	I've gone.

Cover one side to test yourself:

Dw i wedi mynd.	I've gone.
Rwyt ti wedi dod.	You've come.
Mae e wedi golchi.	He's washed.
Mae hi wedi gweithio.	She's worked.
Mae Ann wedi blino.	Ann's tired.
Dy'n ni wedi clywed.	We've heard.
Dych chi wedi darllen.	You've read.
Maen nhw wedi bwyta.	They've eaten.

To change these sentences into the negative – to say that something hasn't happened, just put **ddim** *before* **wedi**.

Cover one side to test yourself:

Dw i ddim wedi mynd.	I haven't gone.
Dwyt ti ddim wedi dod.	You haven't come.
Dydy e ddim wedi golchi.	He hasn't washed.
Dydy hi ddim wedi gweithio.	She hasn't worked.
Dydy Ann ddim wedi blino.	Ann's not tired.
Dy'n ni ddim wedi clywed.	We haven't heard.
Dych chi ddim wedi darllen.	You haven't read.
Dy'n nhw ddim wedi bwyta.	They haven't eaten.

Cover one side to test yourself:

ASKING QUESTIONS
Similarly we put wedi *before the verb:*

Ydw i wedi gweld y ffilm?	Have I seen the film?
Wyt ti wedi darllen y llyfr?	Have you read the book?
Ydy e wedi golchi'r llestri?	Has he washed the dishes?
Ydy hi wedi gweld y papur?	Has she seen the paper?
Dy'n ni wedi prynu tocyn?	Have we bought a ticket?
Dych chi wedi yfed te?	Have you drunk tea?
Dy'n nhw wedi mynd i'r gwely?	Have they gone to bed?

To answer:

Na	No
Ydw	Yes (I have)
Wyt	Yes (you have)
Ydy	Yes (he has, she has)
Ydyn	Yes (we have, they have)
Ydych	Yes (you have)

ffilm	film	**llestri**	dishes	**i'r gwely**	to bed
phihlm		*llehstree*		*eer gooehlee*	

Some phrases:

ond   but
ond

heddiw   today
hehddihoo

bore 'ma   this morning
boreh ma

pnawn 'ma   this afternoon
pnahoon ma

heno   tonight
hehno

neithiwr   last night
neheetheeoor

bob nos   every night
bohb nohs

bob dydd   every day
bohb deedd

More questions:

Pryd?   When?
Preed

Pryd dych chi'n dod?   When are you coming?

Faint?   How much?
Vaheent

Faint dych chi wedi yfed?   How much have you drunk?

*Two verbs using **ar**:*

gwrando ar   to listen to
goorandoh ahr

Dw i wedi gwrando ar y radio.   I've listened to the radio.

edrych ar   to look at
ehdrihch ahr

Dy'n ni wedi edrych ar y tŷ.   We've looked at the house.

Another way of saying yes and no:

*If a question begins with a noun or phrase, often to emphasise, the answer yes is **ie** and the answer no is **na** or **nage**, e.g.:*

Siân dych chi?   Are you Siân?
Ie.   Yes.
Coffi dych chi'n yfed?   Is it coffee you're drinking?
Nage, te.   No, tea

COMMANDS

*When talking to a friend or a child add **a** to the stem of the verb:*

codi > coda!   get up!
yfed > yfa!   drink!
edrych > edrycha!   look!
gwrando > gwranda!   listen!

*When talking to others, or to many people, add **wch** to the stem of the verb:*

codi > codwch!   get up!
yfed > yfwch!   drink!
edrych > edrychwch!   look!
gwrando > gwrandwch!   listen!

More of this in the next part.

Atebwch y cwestiynau *Answer the questions:*

1. **Dych chi wedi mynd i'r gwaith heddiw?**
2. **Beth dych chi wedi gwneud heddiw?**
3. **Dych chi wedi darllen y papur heddiw?**
4. **Dych chi wedi cael brecwast bore 'ma?**
5. **Dych chi wedi gweithio'n galed heddiw?**
6. **Dych chi wedi bod allan neithiwr?**
7. **Dych chi wedi golchi'r llestri heddiw?**
8. **Beth dych chi wedi yfed heddiw?**

More useful openers:

Beth yw'ch enw chi? What's your name?
Ble dych chi'n gweithio? Where do you work?

STORI 2:
Nabod y grŵp /
Getting to know the group

adran werthu	sales department	**moyn**	to want
cael	to have	**Nadolig**	Christmas
cwrw	beer	**parti**	party
deng mlynedd	ten years	**pryd?**	when?
dyma fe	here he is	**saith**	seven
ers pryd	since when	**smart**	smart
ffit	fit	**swyddfa**	office
gwaith	work	**tipyn mwy**	quite a bit more
gwin	wine	**wedi meddwi**	drunk
gyrru	to drive		

- We're going to a work party tonight.
- When does the party start, Hywel?
- It starts at seven.
- I like a Christmas party!

- You're smart, Hywel.
- No, you're very smart, Blodwen.
- Thanks, Hywel! I like to go to the party. Can you drive?
- Of course, Blodwen, I'm driving.

- Wine or beer?
- Wine, please.
- Water for me, I'm driving.
- You're good, Hywel.

- Who are you?
- I'm Hywel. And you?
- I'm John. Hywel Jones? How are you? Do you want a pint?
- Well, yes, a small pint, thanks!

- What are you doing now, John?
- I'm working in the office. What are you doing?
- I'm working in the sales department.
- Great. Another pint?
- Thanks, John!

- Since when are you working in the factory, Hywel?
- Since five years. Since when are you here?
- Since ten years. Another pint, Hywel?
- Thanks!

- Do you know where Hywel is?
- No, is Hywel in the party?
- Of course, but I don't know where Hywel is!
- Oh – here he is!

- Sorry, Blodwen, I'm drunk.
- But you're driving, Hywel!
- No, I'm not fit. We're getting a taxi.
- Oh well, I like a Christmas party!

On television
Ar y teledu

IN THIS PART:

- Commands
- Days of the week
- Questions with emphasis
- Numbers

SGWRS 3 CONVERSATION 3

SGWRS 3

MARI'N DOD ADRE

MARI COMING HOME

yn galed	hard	**setlo**	to settle
sgrifennu	to write	**brwsio**	to brush
llythyrau	letters	**allan**	out
smwddio	to iron	**mynd i**	to go to
bwydo	to feed		

Dai:	**Shwmae, Mari! Rwyt ti wedi dod adre'n gynnar!**	Hello, Mari! You've come home early!
Mari:	**Dw i wedi blino. Dw i wedi gweithio'n galed.**	I'm tired. I've worked hard.
Dai:	**Beth wyt ti wedi gwneud yn y gwaith?**	What have you done at work?
Mari:	**Dw i wedi sgrifennu llythyrau, a ffonio.**	I've written letters, and phoned.
	Beth wyt ti wedi gwneud, Dai?	What have you done, Dai?
Dai:	**Dw i wedi gweithio'n galed hefyd.**	I've worked hard as well.
	Dw i wedi smwddio, bwydo'r babi,	I've ironed, fed the baby,
	golchi'r llestri a brwsio'r llawr.	washed the dishes and brushed the floor.
Mari:	**Da iawn. Wyt ti wedi setlo'r ffenestri?**	Very good. Have you settled the windows?
Dai:	**Ydw, wrth gwrs, dy'n ni'n mynd i gael**	Yes, of course, we're going to have
	ffenestri newydd.	new windows.
Mari:	**Beth dy'n ni'n gwneud heno?**	What are we doing tonight?
Dai:	**Dw i'n mynd i weithio yn yr ardd.**	I'm going to work in the garden.
Mari:	**Dw i'n mynd allan. Dw i'n cwrdd â Siân.**	I'm going out. I'm meeting Siân.

COMMANDS

As we saw at the end of Part 1, we add **a** to the stem of a verb when talking to a friend or a child. We add **wch** to the stem when talking to more than one person or to other people.

How do we find the stem of a verb?

*Verbs ending in **u**, **i**, or **o** drop these letters:*

cysgu	cysga	cysgwch	go to sleep
codi	coda	codwch	get up
dodi	doda	dodwch	put
ffonio	ffonia	ffoniwch	phone

Other verbs can vary. Some don't drop letters. Others can be irregular. Here are a few more:

cerdded	cerdda	cerddwch	walk
eistedd	eistedda	eisteddwch	sit
bwyta	bwyta	bwytwch	eat
gwneud	gwna	gwnewch	do
edrych	edrycha	edrychwch	look
mynd	cer	ewch	go (south Wales)
	dos	ewch	go (north Wales)
dod	dere	dewch	come (south Wales)
	tyrd	dewch	come (north Wales)
gadael	gadawa	gadewch	leave
mwynhau	mwynha	mwynhewch	enjoy
rhoi	rhoia	rhowch	give

TEST YOURSELF WITH THESE
Read them and say them aloud, then cover one side ✋

	To a friend/member of family	To others
Go to bed!	Cer i'r gwely! Dos i'r gwely!	Ewch i'r gwely!
Come quickly!	Dere'n gyflym! Tyrd yn gyflym!	Dewch yn gyflym!
Make the food!	Gwna'r bwyd!	Gwnewch y bwyd!
Put it down!	Doda fe lawr!	Dodwch e lawr!
Drink the wine!	Yfa'r gwin!	Yfwch y gwin!
Sit on the soffa!	Eistedda ar y soffa!	Eisteddwch ar y soffa!
Look at the paper!	Edrycha ar y papur!	Edrychwch ar y papur!
Leave the food!	Gadawa'r bwyd!	Gadewch y bwyd!
Wash the dishes!	Golcha'r llestri!	Golchwch y llestri!
Come on!	Dere ymlaen (mlân)! Tyrd ymlaen!	Dewch ymlaen (mlân)! Dewch ymlaen!

MORE QUESTIONS

Pwy sy?   Who is?   **Beth sy?**   What is?
Pooee see   *Behth see*

So far we've used **mae** *for is.* **Sy** *is usually used when we want to emphasise who is doing something, or what's happening.*

radio   radio   **teledu**   television
rahdyo   *tehlehdee*

Beth sy ar y radio?	What's on the radio?	*You can answer with emphasis:*
Beth sy ar y teledu?	What's on television?	
Beth sy ar y bwrdd?	What's on the table?	**Ffilm sy ar y teledu.** It's a film that's on television.
Beth sy'n bod?	What's the matter?	**Bara sy ar y bwrdd.** It's bread that's on the table.
	(literally 'what is being')	**Mair sy ar y teledu.** It's Mair who's on television.
		or without emphasis:
Pwy sy ar y teledu?	Who's on television?	**Mae ffilm ar y teledu.** There's a film on television.
Pwy sy'n canu?	Who's singing?	**Mae Mair ar y teledu.** Mair is on television.
Pwy sy'n chwarae?	Who's playing?	**Mae bara ar y bwrdd.** There's bread on the table.

Cover one side to test yourself: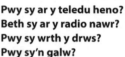

Pwy sy ar y teledu heno?	Who is on television tonight?
Beth sy ar y radio nawr?	What's on the radio now?
Pwy sy wrth y drws?	Who's at the door?
Pwy sy'n galw?	Who's calling?
Pwy sy wedi dod?	Who has come?
Beth sy i ginio heddiw?	What's for lunch today?
Pwy sy'n mynd i olchi'r llestri?	Who's going to wash the dishes?
Beth sy yn y sinema heno?	What's in the cinema tonight?

For negative questions, put **ddim** *after* **sy**:

gorffen   to finish
gohrphehn

digwydd   to happen
dihgooidd

Pwy sy ddim yn dod?	Who's not coming?
Pwy sy ddim wedi gorffen?	Who hasn't finished?
Pwy sy ddim wedi mynd i'r gwely?	Who hasn't gone to bed?
Beth sy ddim ar y bwrdd?	What's not on the table?
Beth sy ddim wedi digwydd?	What hasn't happened?

Answer these questions:

Beth sy ar y teledu heno?
Beth sy ar y radio heddiw?
Beth sy yn y sinema heno?
Pwy sy wedi gwneud brecwast bore 'ma?
Beth sy wedi digwydd heddiw?

Some greetings

pen blwydd hapus *pehn blooeedd hahpihs*	happy birthday
Nadolig llawen *nahdolihg llahooehn*	Merry Christmas
blwyddyn newydd dda *blooeeddihn nehooidd dda*	a happy new year
llongyfarchiadau *llon-guhvarcheeahdahee*	congratulations

Days of the week

dydd Llun *deedd lleen*	Monday
dydd Mawrth *deedd mahoorth*	Tuesday
dydd Mercher *deedd mehrchehr*	Wednesday
dydd Iau *deedd eeahee*	Thursday
dydd Gwener *deedd gooehnehr*	Friday
dydd Sadwrn *deedd sahdoorn*	Saturday
dydd Sul *deedd seel*	Sunday

Numbers

1	**un**	12	**un deg dau**	90	**naw deg**
2	**dau, dwy***	13	**un deg tri**	100	**cant**
3	**tri, tair***	20	**dau ddeg**	200	**dau gant**
4	**pedwar, pedair***	21	**dau ddeg un**	300	**tri chant**
5	**pump**	22	**dau ddeg dau**	400	**pedwar cant**
6	**chwech**	30	**tri deg**	500	**pum cant**
7	**saith**	40	**pedwar deg**	600	**chwe chant**
8	**wyth**	50	**pum deg**	700	**saith cant**
9	**naw**	60	**chwe deg**	800	**wyth cant**
10	**deg**	70	**saith deg**	900	**naw cant**
11	**un deg un**	80	**wyth deg**	1000	**mil**

used before feminine nouns:

dwy ferch	two girls
tair merch	three girls
pedair merch	four girls

Nouns after numbers in Welsh stay singular:

tri bachgen	three boys

Some animals

ci	a dog	**moch**	pigs	
cŵn	dogs	**dafad**	a sheep	
cath	a cat	**defaid**	sheep	
cathod	cats	**aderyn**	a bird	
buwch	a cow	**adar**	birds	
buchod	cows	**anifail**	an animal	
mochyn	a pig	**anifeiliaid**	animals	

STORI 3:
Problem gyda'r anifeiliaid /
A problem with the animals

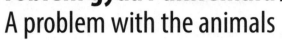

agor	to open	**helpu**	to help
arian	money	**hoffi**	to like
babi	baby	**iawn**	all right, fine
bwydo	to feed	**mam, mamau**	mother, mothers
cael	to have	**moyn**	to want
cath, cathod	cat, cats	**neb**	no one
cau	to close	**plentyn, plant**	child, children
ci, cŵn	dog, dogs	**popeth**	everything
drws	door	**rhedeg**	to run
gallu	to be able to, can	**rhywun**	someone
galw	to call	**smwddio**	to iron
gât	gate	**stryd**	street
gobeithio bod	I hope that	**trwy**	through
glanhau	to clean, cleaning	**trwy'r dydd**	all day
gwaith tŷ	housework	**tŷ**	house
gyda	with		

I'm tired! I've washed the dishes. Now I'm feeding the baby. I haven't ironed.
I've seen no one all day ... (knock, knock) ...
Ah, Dai's coming home.

– Hello Siân! I'm home. I've worked hard. How are you?
– I'm fine, thanks. Come in. I've worked hard as well.

What's for supper tonight?
I haven't made food. Can you help?

– I can make food. Can you help with the housework? I want help with the ironing, with the dishes, and with the cleaning.
– I can iron! I want to iron!

— I like ironing. I like housework. I like to help.
— Oh, thanks! You're ironing well.

— I've ironed. What's on television tonight?
— Thanks a lot for ironing. Can you feed the dogs and the cats?

— Oh no! The dogs are not here, the cats are not here! Where are the dogs? Where are the cats? The gate is open!
— Oh dear! They're running to the street!

— Hey, come here, come back!
— Run, Dai!

IN THIS PART:

- Time
- Is there?

SGWRS 4 CONVERSATION 4	**SGWRS 4**

AR Y TELEDU

ON TELEVISION

Siân:	**Beth sy ar y teledu heno, Dai?**	What's on television tonight, Dai?
Dai:	**Mae'r newyddion am saith o'r gloch.**	The news is at seven o'clock.
Siân:	**Dw i ddim eisiau gweld y newyddion.**	I don't want to see the news.
	Pryd mae'r ffilm?	When is the film?
Dai:	**Mae'r ffilm am ddeg o'r gloch.**	The film is at ten.
Siân:	**Pwy sy'n actio yn y ffilm?**	Who's acting in the film?
Dai:	**Mae actorion da iawn yn y ffilm.**	There are very good actors in the film.
	Dw i eisiau gweld y ffilm hefyd.	I want to see the film as well.
Siân:	**Pwy yw'r actorion, Dai?**	Who are the actors, Dai?
Dai:	**O, actoresau o America, Ffrainc a Sweden.**	Oh, actresses from America, France and Sweden.
Siân:	**O diar, ffilm am glybiau nos!**	Oh dear, a film about night clubs!
Dai:	**Ond dw i ddim wedi gweld y ffilm.**	But I haven't seen the film.
Siân:	**Dyw'r ffilm ddim yn dda iawn – dere am bryd o fwyd gyda fi.**	The film isn't very good – come for a meal with me.

Amser / Time

Mae hi'n	It is		Mae hi'n saith o'r gloch	7
Mae hi'n un o'r gloch	It's one o'clock		Mae hi'n wyth o'r gloch	8
Mae hi'n ddau o'r gloch	2		Mae hi'n naw o'r gloch	9
Mae hi'n dri o'r gloch	3		Mae hi'n ddeg o'r gloch	10
Mae hi'n bedwar o'r gloch	4		Mae hi'n un ar ddeg o'r gloch	11
Mae hi'n bump o'r gloch	5		Mae hi'n ddeuddeg o'r gloch	12
Mae hi'n chwech o'r gloch	6			

You may have noticed that **dau** *changes to* **ddau** *after* **Mae hi'n**.

Similarly, **tri** *changes to* **dri**, **pedwar** > **bedwar**, **pump** > **bump**, **deg** > **ddeg**, **deuddeg** > **ddeuddeg**

This letter change is called Soft Mutation. See Part 5 and Part 8.

Ask the time:

Faint o'r gloch yw hi?	What's the time? (literally: How much o'clock is it?)
Beth yw'r amser?	What's the time?

Half past:

Mae hi'n hanner awr wedi ...	It's half past ...
Mae hi'n hanner awr wedi tri	It's half past three

Quarter past:

Mae hi'n chwarter wedi ...	It's a quarter past ...
Mae hi'n chwarter wedi pump	It's a quarter past five

Quarter to:

Mae hi'n chwarter i ...	It's a quarter to ...
Mae hi'n chwarter i ddeg	It's a quarter to ten

Note: After **i** *the same letters change as after* **Mae hi'n**:

d > dd	**i ddeg**	to 10
	i ddau	to 2
t > d	**i dri**	to 3
p > b	**i bedwar**	to 4
	i bump	to 5

IS THERE / ARE THERE?

Oes?	Is there? Are there?
Oes.	Yes.
Na.	No.
Nag oes.	No.
Does dim	There isn't / aren't
Mae	There is / are

Cover one side to test yourself:

Oes ffilm ar y teledu heno?	Is there a film on television tonight?
Oes, mae ffilm dda am wyth o'r gloch.	Yes, there's a good film at eight o'clock.
Oes llestri yn y sinc?	Are there dishes in the sink?
Oes, mae'r sinc yn llawn.	Yes, the sink is full.
Oes bwyd ar y bwrdd?	Is there food on the table?
Na, does dim.	No, there isn't.
Oes actorion o America yn y ffilm?	Are there actors from America in the film?
Oes, mae llawer.	Yes, there are a lot

*These phrases are followed by a plural noun (e.g. **actorion**), or a general noun (e.g. **bwyd** food):*

llawer o	a lot of	**gormod o**	too many	**digon o**	enough (of)

All these are followed by Soft Mutation (see Part 5), e.g. **llawer o fwyd**   a lot of food

Cover one side and test yourself:

Mae llawer o fwyd yn y gegin.	There's a lot of food in the kitchen.
Mae gormod o lestri yn y sinc.	There are too many dishes in the sink.
Mae digon o fwyd ar y bwrdd.	There's enough food on the table.
Oes digon o fwyd yn y tŷ?	Is there enough food in the house?
Oes, mae gormod yma.	Yes, there's too much here.
Oes digon o win yma?	Is there enough wine here?
Na, does dim gwin yma.	No, there's no wine here.

THERE ISN'T / THERE AREN'T

Does dim	
Does dim byd	there's nothing
Does neb	there's no one

Cover one side and test yourself:

Does dim llaeth ar y bwrdd.	There's no milk on the table.
Does dim llawer o fwyd yma.	There's not a lot of food here.
Does neb wrth y drws.	There's no one at the door.
Does dim byd ar y teledu.	There's nothing on television.

STORI 4:
Gweithio shifft nos /
Working night shift

bant	off
bob amser	always
brys	haste
digon	enough
dirwy	fine
diwetha(f)	last
does dim ots	it doesn't matter
dysgwr	learner
dysgwyr	learners
edrych ymlaen at	to look forward to
fanna	there
ffatri	factory
gwin	wine
gwyn	white
iawn	right
lan llofft	upstairs

newyddion	news
oergell	fridge
pobl	people
roedd	was
rhaglen	programme
rhaglenni	programmes
shifft nos	night shift
tân	fire
torri	to break
tŷ bach	toilet
unig	only
yn ddiweddarach	later
yn gyflym	quickly

Hello Siân, where is Dai? Is he out?
Yes. He's working night shift.
I've looked forward to tonight. Is there a bottle of wine in the fridge?

— Yes, there's a bottle of wine here, but Dai has drunk a lot of the bottle.
— It doesn't matter. I like white wine. I drink white wine all the time.
— But there's a bottle or red wine here as well.

There's no haste tonight. Do you remember last week? Dai was home early!
Do you want another glass?
Yes, lovely, thanks.

— Have you drunk enough now? Do you want to watch television?
— Yes, I've drunk enough. But I want to go to the toilet now.
  Where's the toilet?
— The toilet is upstairs.

- What's on television tonight?
- There's a film at ten o'clock. The news is at nine o'clock.
- What's on the news?
- Listen!

- This is the news. There is a fire in Abersgwt factory. The fire is going through the factory quickly. The firemen are in the factory now. The night shift has started, but the men of the night shift are going home now.
- Drat! Dai is working in Abersgwt factory! There's a fire in the factory – Dai's coming home!

- Clear the table now! Put the plate in the sink, put the bottles in the fridge!
- I'm clearing now – I'm cleaning the table now. Where's the fridge?
- The fridge is by the door!

- Hello, Dai? What's the matter? You're home early.
- There's a fire in the factory – I've come in the car quickly. The kitchen is clean!
- Yes. Helen has come – she's cleared the kitchen, and she's working in the kitchen now!

Around town
O gwmpas y dre

5

IN THIS PART:

- Past imperfect tense 'was' / 'were'
- Adjectives

Yn y dref — In town

caffi	café	**sgwâr/sgwariau**	square/s
canolfan hamdden	leisure centre	**sinema**	cinema
castell	castle	**siop lyfrau**	bookshop
ffatri/ffatrïoedd	factory/factories	**siop/-au**	shop/s
ffordd/ffyrdd	way/s, road/s	**stryd fawr**	high street
gwesty	hotel	**stryd/-oedd**	street/s
heol/-ydd	road/s	**swyddfa bost**	post office
llyfrgell	library	**tŷ/tai**	house/s
neuadd y dref	town hall	**theatr**	theatre
parc/-iau	park/s	**y farchnad**	the market
pwll nofio	swimming pool	**yr orsaf**	the station

SGWRS 5 CONVERSATION 5

SGWRS 5

SIOPA NEU YFED?   TO SHOP OR TO DRINK?

eisiau	to want	**moyn**	to want	**ffrwythau**	fruit
yn brysur	busy	**popeth**	everything	**syniad**	idea

Mair:	**Wyt ti'n hoffi mynd i'r dre?**	Do you like going to town?
Hywel:	**Ydw, wrth gwrs, dw i'n hoffi siopa.**	Yes, of course, I like shopping.
Mair:	**Dw i'n hoffi mynd i'r dre hefyd.**	I like going to town as well.
Hywel:	**Dy'n ni'n gallu mynd heddiw?**	Can we go today?
Mair:	**Wrth gwrs. Dw i eisiau mynd i'r llyfrgell, wedyn i'r siop lyfrau.**	Of course, I want to go to the library, then to the bookshop.
Hywel:	**Dw i'n moyn mynd i'r swyddfa bost.**	I want to go to the post office.
Mair:	**A dw i eisiau prynu ffrwythau yn y farchnad.**	And I want to buy fruit in the market.
Hywel:	**Dy'n ni'n mynd i fod yn brysur! Oes amser i wneud popeth?**	We're going to be busy! Is there time to do everything?
Mair:	**Oes, ond dw i wedi cael syniad da.**	Yes, but I've had a good idea.
Hywel:	**Dechrau yn y farchnad?**	Starting in the market?
Mair:	**Na, dechrau yn y caffi.**	No, starting in the café.

SAYING WAS / WERE

Instead of **mae** *use* **roedd**

Mae Dafydd yn mynd. Dafydd is going.
Roedd Dafydd yn mynd. Dafydd was going.

Cover one side to test yourself:

Roedd hi'n bwrw glaw ddoe.	It was raining yesterday.
Roedd Anna yn y dref bore 'ma.	Anna was in town this morning.
Roedd Ahmed yn siopa pnawn 'ma.	Ahmed was shopping this afternoon.
Roedd Mari'n gweithio yn y caffi.	Mari was working in the café.
Roedd John yn hoffi mynd i'r dre.	John liked going to town.

Negative sentences:

Doedd dim	There wasn't / there weren't
Doedd dim bara yn y siop.	There was no bread in the shop.
Doedd ... ddim	... (the / or name) wasn't
Doedd Ann ddim yma.	Ann wasn't here.
Doedd y fenyw ddim yn gweithio.	The woman wasn't working.

Cover one side to test yourself:

Doedd dim ffrwythau yn y farchnad.	There was no fruit in the market.
Doedd dim llawer o fwyd yma.	There was not a lot of food here.
Doedd dim byd yn y siop.	There was nothing in the shop.
Doedd Siân ddim yn y ganolfan hamdden.	Siân was not in the leisure centre.
Doedd Roger ddim yn gweithio yn y siop.	Roger wasn't working in the shop.
Doedd y fam ddim yn gallu cysgu.	The mother couldn't sleep.

ASKING WAS?

Oedd ...?	Was ...?
Oedd	Yes
Na *or* **Nag oedd**	No

Oedd John yn siopa ddoe?	Was John shopping yesterday?
Oedd, roedd e yn y dre.	Yes, he was in town.
Na, doedd e ddim yn y dre.	No, he wasn't in town.

Atebwch *Answer*
Oedd hi'n bwrw glaw bore 'ma?
Oedd llawer o bobl yn y dre dydd Sadwrn?
Oedd digon o ffrwythau yn y farchnad?
Oedd y caffi'n llawn (full) **heddiw?**

I WAS etc.

Ro'n i	I was	**Ro'n ni**	we were
Ro't ti	you were	**Ro'ch chi**	you were
Roedd e	he was	**Ro'n nhw**	they were
Roedd hi	she was		

I WASN'T etc.

Do't ti ddim	you weren't	**Do'n ni ddim**	we weren't
Doedd e ddim	he wasn't	**Do'ch chi ddim**	you weren't
Doedd hi ddim	she wasn't	**Do'n nhw ddim**	they weren't

5

Cover one side to test yourself:

mwynhau   to enjoy (yourself)

Ro'n i yn siopa yn Abertawe bore 'ma.	I was shopping in Swansea this morning.
Do't ti ddim yn y caffi heddiw.	You weren't in the café today.
Ro'n nhw yn y tŷ am bump o'r gloch.	They were in the house at five o'clock.
Do'n i ddim yn y llyfrgell ddoe.	I wasn't in the library yesterday.
Roedd Huw yn hoffi mynd i'r dre.	Huw liked going to town.
Doedd hi ddim yn gallu mynd ddoe.	She couldn't go yesterday.
Ro'ch chi'n mwynhau yn y caffi.	You were enjoying yourself in the café.
Do'ch chi ddim yn hapus neithiwr.	You weren't happy last night.

QUESTIONS AND ANSWERS

		Yes		*No*
O'n i ...?	was I?	**O'ch / O't**	you were	**Na / Nag o't / Nag o'ch**
O't ti ...?	were you?	**O'n**	I was	**Na / Nag o'n**
Oedd e ...?	was he?	**Oedd**	he was	**Na / Nag oedd**
Oedd hi ...?	was she?	**Oedd**	she was	**Na / Nag oedd**
O'n ni ...?	were we?	**O'n**	we were	**Na / Nag o'n**
O'ch chi ...?	were you?	**O'n**	I was / we were	**Na / Nag o'n**
O'n nhw ...?	were they?	**O'n**	they were	**Na / Nag o'n**

Cover one side to test yourself:

gartre at home	**yn gynnar** early	**trwy'r bore** all morning	**yn hwyr** late

O'ch chi'n siopa heddiw?	Were you shopping today?
Na, do'n i ddim yn siopa.	No, I wasn't shopping.
O'ch chi gartre bore 'ma?	Were you at home this morning?
O'n, ro'n i yn y tŷ trwy'r bore.	Yes, I was in the house all morning.
O'n ni'n gynnar pnawn 'ma?	Were we early this afternoon?
Na, ro'n ni'n hwyr.	No, we were late.
O't ti'n hoffi'r coffi yn y caffi?	Did you like the coffee in the café?
O'n, roedd e'n hyfryd.	Yes, it was lovely.

Answer:

O'ch chi yn y dre heddiw?
O'ch chi'n siopa yn y dre ddoe?
Ble o'ch chi bore 'ma?
O'ch chi gartre pnawn 'ma?
O'ch chi yn y gwaith bore 'ma?

WHAT, WHEN AND WHERE – QUESTIONS

Beth? What? **Ble?** Where? **Pryd?** When?

Cover one side to test yourself:

ar wyliau on holiday **y llynedd** last year

Beth o'ch chi'n 'neud ddoe?	What were you doing yesterday?
Beth oedd Siân yn yfed neithiwr?	What was Siân drinking last night?
Ble o'ch chi'n mynd bore 'ma?	Where were you going this morning?
Ble o'n ni ar wyliau y llynedd?	Where were we on holiday last year?
Pryd o'ch chi yn Sbaen?	When were you in Spain?
Pryd o'n i yn y sinema?	When was I in the cinema?

Describe buildings

mawr	big
bach	small
hen	old
newydd	new
iawn	very
pert	pretty
prydferth	beautiful

some colours:

brown	brown
coch	red
du	black
glas	blue
gwyn	white
gwyrdd	green
melyn	yellow

*adjectives follow the noun (except **hen**)*

tŷ mawr	a big house
tŷ bach	a small house / a toilet
siop newydd	a new shop

Soft mutation:

after feminine nouns, after some prepositions and after some other words, some letters change:

c > g; p > b; t > d; g > drops off; b > f; d > dd; ll > l; m > f; rh > r

marchnad fach	a small market
siop fawr	a big shop

*The same letter changes occur after **hen**:*

hen gastell	an old castle
hen dafarn	an old pub

*The same letter changes occur again after **yn** when describing (apart from **ll** and **rh** which stay as they are):*

Mae'r castell yn hen.	The castle is old.
Roedd y tai'n newydd.	The houses were new.
Roedd y dafarn yn fawr iawn.	The pub was very big.
Oedd y theatr yn brydferth?	Was the theatre beautiful?

iawn – very – *is put after the adjective:*

llawn   full
Mae'r castell yn hen iawn.   The castle is very old.
Roedd y dafarn yn llawn iawn.   The pub was very full.

Cover one side to test yourself:

Mae'r castell yn y dre'n hen iawn.   The castle in the town is very old.
Roedd Huw'n byw mewn tŷ mawr.   Huw lived in a big house.
Ro'n nhw'n byw mewn tŷ newydd.   They lived in a new house.
Roedd yr ardd yn fawr iawn.   The garden was very big.
Roedd yr hen farchnad yn fach.   The old market was small.

STORI 5:
Chwilio am y gwesty /
Looking for the hotel

gwesty	hotel	**i'r chwith**	to the left
yr orsaf	the station	**yn bell**	far
yn syth ymlaen	straight on	**y nos**	the night, at night
i'r dde	to the right	**iawn**	proper (also real, very, OK)

— It's ten o'clock at night. We're lost. We were here last year, but the hotel isn't on the map!
— No, everything is alright. Here's the hotel — the hotel is by the station.

— No, you fool! The Grand Hotel isn't by the station. It was by the castle. —
But I can't see the castle.
— There's no castle in the town! We're not in the proper town!

— No! We're in the proper town, but I can't read the map.
— Look. I've found the castle — straight ahead, then to the right, then to the left.
— Thank goodness. It isn't very far.

— Good Evening! Welcome to the hotel.
— Thanks. What's in the town? We want to see the town.
— There are many things in the town — a swimming pool, library, castle . . .
— It's half past ten. I'm tired. I want to go to bed!

Drat, there's no food here, there are no biscuits here, there's no coffee here.
Drat, but there's beer in the fridge!
I don't want beer! I want wine!

– Is there a supermarket in the town?
– Yes, there's one round the corner. But it closes at eleven o'clock.
– Can you go to the supermarket? I want two bottles of red wine.

Where's the wine, please?
The wine is straight ahead, and on the right.
Thank goodness. Is there red wine from Spain here?
Yes, there's plenty of red wine from Spain, and from France here.

– Hello! I've bought two bottles of red wine, there's enough wine here!
– . . . Oh dear, you're sleeping . . . oh well, there's too much wine here!

News
Newyddion

IN THIS PART:

- Past tense 'had'
- Prepositions
- Months and seasons

SGWRS 6 CONVERSATION 6

SGWRS 6

Y PRIF WEINIDOG   THE PRIME MINISTER

y newyddion	the news	**prif weinidog**	first / prime minister
ysgol	school	**wn i ddim**	I don't know
ysgol gynradd	primary school	**wedi marw**	died

Mair:	**Beth oedd ar y newyddion heno?**	What was on the news tonight?
Hywel:	**Doedd dim llawer – roedd tân yn y dre.**	There wasn't much – there was a fire in town.
Mair:	**Ble roedd y tân?**	Where was the fire?
Hywel:	**Mewn ysgol. Mewn ysgol gynradd.**	In a school. In a primary school.
Mair:	**Ble roedd yr ysgol?**	Where was the school?
Hywel:	**Wn i ddim. Ond roedd y tân yn yr ysgol o wyth o'r gloch tan deg.**	I don't know. But the fire was in the school from eight o'clock until ten.
Mair:	**Doedd dim plant yn yr ysgol?**	There were no children in the school?
Hywel:	**Na, roedd y plant ar wyliau.**	No, the children were on holiday.
Mair:	**Beth arall oedd ar y newyddion?**	What else was on the news?
Hywel:	**Dim llawer. Roedd y Prif Weinidog yn y dref ddoe.**	Not a lot. The First Minister was in town yesterday.
Mair:	**Beth oedd e'n 'neud yn y dre?**	What was he doing in town?
Hywel:	**Roedd e'n mynd i weld yr ysgol.**	He was going to see the school.
Mair:	**Aha! Oedd e yn yr ysgol cyn y tân?**	Aha! Was he in the school before the fire?
Hywel:	**Na – roedd e yn y tân. Mae e wedi marw.**	No – he was in the fire. He has died.

Say something had happened:

Use **wedi** *instead of* **yn**:

Roedd hi'n ...   She was ...   **Roedd hi wedi ...**   She had ...

Cover one side to test yourself:

Roedd hi wedi bwrw glaw ddoe.   It had rained yesterday.
Roedd Mair wedi bod yn y dre.   Mair had been in town.
Pryd roedd y siop wedi agor?   When had the shop opened?
Ble roedd e wedi bod?   Where had he been?
Roedd e wedi bod yn yr ysgol.   He had been in the school.

Use **wedi** *with other pronouns:*

Ro'n i wedi	I had
Ro't ti wedi	you had
Roedd e wedi	he had
Roedd hi wedi	she had
Ro'n ni wedi	we had
Ro'ch chi wedi	you had
Ro'n nhw wedi	they had

Questions and negatives follow the same pattern:

O'ch chi wedi bod yn siopa?   Had you been shopping?
Do'n nhw ddim wedi gweithio ddoe.   They hadn't worked yesterday.

Cover one side to test yourself:

Ro'n ni wedi prynu bwyd yn y farchnad.   We had bought food in the market.
Ro'ch hi wedi clywed y newyddion.   You had heard the news.
Ro'n i wedi gweld y Prif Weinidog.   I had seen the First Minister.
O'ch chi wedi gweld y newyddion ddoe?   Did (had) you see the news yesterday?
Na, do'n i ddim wedi prynu'r papur.   No, I hadn't bought the paper.
Do'n nhw ddim wedi clywed y newyddion.   They hadn't heard the news.

Answer:

Sut?   How?
Ble o'ch chi wedi bod ddoe?
O'ch chi wedi codi'n gynnar bore 'ma?
Pryd o'ch chi wedi mynd i'r dre?

O'ch chi wedi clywed y newyddion neithiwr?
O'ch chi wedi mynd i'r sinema ddoe?
Sut o'ch chi wedi cysgu neithiwr?

am  for, about

clywed am	to hear about	**aros am**	to wait for	**gwybod am**	to know about
chwilio am	to look for	**siarad am**	to talk about	**gofalu am**	to care for
darllen am	to read about				

am *is followed by Soft Mutation letter changes:*

c > g; p > b; t > d; g > drops off; **b > f; d > dd; ll > l; m > f; rh > r**

Cymru > am Gymru	about Wales
Llanelli > am Lanelli	about Llanelli

Cover one side to test yourself:

y ddamwain	the accident
Ro'n i wedi darllen am y Prif Weinidog.	I had read about the First Minister.
Do'n i ddim wedi clywed am y ddamwain.	I had not heard about the accident.
Mae e'n gwybod popeth am Gymru.	He knows everything about Wales.
Pryd o'ch chi'n gwybod am y tân?	When did you know about the fire?

Notice these:

amdana i	about me
amdanat ti	about you
amdano fe	about him
amdani hi	about her
amdanon ni	about us
amdanoch chi	about you
amdanyn nhw	about them

Cover one side to test yourself:

Ro'n i wedi darllen amdani hi.	I'd read about her.
O'ch chi wedi clywed amdano fe?	Had you heard about him?
Do'n i ddim wedi aros amdanyn nhw.	I hadn't waited for them.
Doedd hi ddim wedi chwilio amdana i.	She hadn't looked for me.

Answer:

Dych chi'n hoffi darllen am yr economi?	Do you like reading about the economy?
Gareth Bale: y'ch chi wedi clywed amdano fe?	Gareth Bale: have you heard about him?

Some phrases using **am**:

am byth	for ever	**Cymru am byth**	Wales for ever
am ddim	free	**Mae'r noson am ddim.**	The evening is free.
gair am air	word for word		

ar on

*But **ar** is used idiomatically in some phrases:*

gwrando ar	to listen to
edrych ar	to look at, to watch

Ro'n i'n gwrando ar y newyddion bore 'ma.   I was listening to the news this morning.
Do'n i ddim wedi edrych ar y teledu neithiwr.   I hadn't watched television last night.
Pryd o't ti'n edrych ar y gwesty?   When were you looking at the hotel?

Notice these:

arna i	on me
arnat ti	on you
arno fe	on him
arni hi	on her
arnon ni	on us
arnoch chi	on you
arnyn nhw	on them

Ar is used with some illnesses.

annwyd	cold	**peswch**	cough
ffliw	flu	**gwres**	temperature

Mae annwyd arna i.   I have a cold.
Roedd peswch arnat ti.   You had a cough.
Roedd ffliw arnyn nhw.   They had flu.
Roedd Covid arno fe.   He had Covid.
Beth sy'n bod arnat ti?   What's the matter with you?

Cover one side to test yourself:

trwm	heavy
diolch byth	thank goodness

Roedd annwyd arna i bore ddoe.   I had a cold yesterday morning.
Oedd Covid arnat ti y llynedd?   Did you have Covid last year?
Doedd dim peswch arna i, diolch byth.   I didn't have a cough, thank goodness.
Mae annwyd trwm arnoch chi heddiw.   You've got a heavy cold today.

*Some phrases using **ar**:*

ar agor	open *(seen on shop doors)*		
ar gau	closed *(seen on shop doors)*		
ar gael	available	**Dw i ar gael.**	I'm available.
ar dân	on fire	**Mae'r tŷ ar dân.**	The house is on fire.
ar fin	about to	**Mae hi ar fin mynd.**	She's about to go.

Misoedd / Months

1	Ionawr	7	Gorffennaf
2	Chwefror	8	Awst
3	Mawrth	9	Medi
4	Ebrill	10	Hydref
5	Mai	11	Tachwedd
6	Mehefin	12	Rhagfyr

Cover one side to test yourself:

Ro'n i wedi mynd i Sbaen ym mis Awst.	I'd gone to Spain in August.
Roedd e wedi aros gartre ym mis Mai.	He'd stayed at home in May.
O'ch chi'n nofio ym mis Rhagfyr?	Were you swimming in December?
Do'n ni ddim wedi chwarae ym mis Mawrth.	We hadn't played in March.

mis	month
ym mis	in (*the month of*)

Tymhorau / Seasons

gwanwyn	spring	**yn y gwanwyn**	in spring
haf	summer	**yn yr haf**	in summer
hydref	autumn	**yn yr hydref**	in autumn
gaeaf	winter	**yn y gaeaf**	in winter

Cover one side to test yourself:

nofio to swim	
Ro'n ni'n nofio yn y môr yn yr hydref.	We were swimming in the sea in autumn.
O'ch chi wedi nofio yn y gaeaf?	Had you swum in winter?
Doedd hi ddim yn gweithio yn yr haf.	She wasn't working in summer.
Ble o'ch chi'n gweithio yn y gwanwyn?	Where were you working in spring?

STORI 6:
Colli'r trên / Missing the train

arall	another	**edrych mlaen**	to look forward
colli	to lose, to miss	**nôl**	to fetch
credu	to believe	**oriawr**	watch
chwarter i	a quarter to	**pum munud i**	five minutes to
deg munud wedi	ten minutes past	**rhy gynnar**	too early
dim ond	only	**ugain munud i**	twenty minutes to
dwy funud i	two minutes to		

Have we come too early?
No, it's only half past eight.
When is the train coming?
At nine, I believe.

— I'm going to fetch something to eat.
— I don't want to wait on the platform.
— I'm going to the café. Do you want coffee?
— Yes, I'm coming with you.

- When does the film start tonight, Siân?
- At half past eight. And it finishes at ten minutes past ten.
- We're going to have a good time, Siân.
- I'm looking forward. Have we got time to have another coffee?

- It's a quarter to nine, Dai.
- No, the clock isn't right. It's twenty minutes to nine.
- Oo, very good, I'm going to have a cake with the coffee.

- Oo, look, it's five minutes to nine.
- It's time for us to go to the platform.
- The cake was very tasty!
- Hey, come, the train is coming.

- Drat! We've missed the train! We're not able to go to London!
- The train had gone early! It's only two minutes to nine.
- Two minutes past nine! Look at the clock!
- Oops, the watch is slow!

IN THIS PART:

• More prepositions   • Saying you have something

SGWRS 7 CONVERSATION 7

SGWRS 7

COLLI SWYDD		LOSING A JOB	
swydd	job	**llywodraeth**	government
diwrnod	day	**punnoedd**	pounds
rhy	too	**cau**	to close
caled	hard	**dechrau**	to start
gan bwyll	hold on, patience		

Blod:	**O't ti wedi cael diwrnod da yn y gwaith heddi?**	Did you have a good day at work today?
Dai:	**Eitha da. Do'n i ddim wedi gweithio'n rhy galed.**	Quite good. I hadn't worked too hard.
Blod:	**Fel arfer! Dw i'n gweithio'n galed trwy'r dydd. Ro'n i'n glanhau'r tŷ bore 'ma, siopa pnawn 'ma ...**	As usual! I work hard all day. I was cleaning the house this morning, shopping this afternoon ...
Dai:	**Gan bwyll, Blod, mae newyddion 'da fi.**	Hold on, Blod, I have news.
Blod:	**Newyddion da?**	Good news?
Dai:	**Ie, mae'r llywodraeth yn mynd i roi pum mil o bunnoedd i fi.**	Yes, the government is going to give me five thousand pounds.
Blod:	**Pam maen nhw'n rhoi pum mil i ti?**	Why are they giving you five thousand?
Dai:	**Mae newyddion drwg – maen nhw'n mynd i gau'r gwaith.**	There is bad news – they're going to close the works.
Blod:	**Mae'n newyddion drwg iawn!**	It's very bad news!
Dai:	**Mae'n gyfle. Mae Huw a Wil a fi'n mynd i ddechrau siop Gymraeg.**	It's an opportunity. Huw and Wil and I are going to open a Welsh shop.
Blod:	**Pwy sy'n mynd i weithio yn y siop? Fi?**	Who's going to work in the shop? Me?

i to

Notice these:

i fi	to me
i ti	to you
iddo fe	to him
iddi hi	to her
i ni	to us
i chi	to you
iddyn nhw	to them

Cover one side to test yourself:

cynnig — to offer

Dw i wedi rhoi'r gwaith iddo fe.	I've given him the work.
Maen nhw'n cynnig y swydd i fi.	They're offering me the job.
Roedd e'n rhoi'r gwaith caled iddi hi.	He was giving her the hard work
O'dd e wedi gwerthu'r llyfr iddyn nhw?	Had he sold them the book?

*Some phrases use **i**:*

Mae rhaid i fi ...	I must
Mae rhaid i fi weithio heddiw.	I must work today.
Roedd rhaid iddyn nhw weithio'n hwyr.	They had to work late.

Cover one side to test yourself:

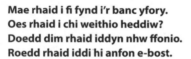

Mae rhaid i fi fynd i'r banc yfory.	I must go to the bank tomorrow.
Oes rhaid i chi weithio heddiw?	Do you have to work today?
Doedd dim rhaid iddyn nhw ffonio.	They didn't have to phone.
Roedd rhaid iddi hi anfon e-bost.	She had to send an email.

Answer:

Oes rhaid i chi weithio heddiw?

Oes rhaid i chi wneud gwaith yn y tŷ yfory?

Oedd rhaid i chi weithio'n galed bore 'ma?

Oedd rhaid i chi fynd i'r gwaith ddoe?

Pryd mae rhaid i chi wneud gwaith yn y tŷ?

Mae angen i fi ... — I need to

Cover one side to test yourself:

Mae angen i fi fynd i'r gwaith yn gynnar.	I need to go to work early.
Oes angen iddi hi weithio heddiw?	Does she need to work today?
Pryd mae angen iddyn nhw gyrraedd?	When do they need to arrive?
Oedd angen i chi fynd i'r gwaith ddoe?	Did you need to go to work yesterday?

*For the following phrases, we can use **hi** after **Mae** or leave it out.*

Mae'n well i fi ...   I'd better

Cover one side to test yourself:

Mae'n well i fi orffen gwaith yn gynnar.	I'd better finish work early.
Ydy hi'n well i chi weithio yfory?	Is it better for you to work tomorrow?
Ydy hi'n well iddyn nhw ffonio?	Is it better for them to phone?
Ydy, mae'n well iddyn nhw wneud hynny.	Yes, they'd better do that.

Mae'n bryd i fi ...   It's time for me

Cover one side to test yourself:

Mae'n bryd i fi fynd i'r gwaith.	It's time for me to go to work.
Roedd hi'n bryd iddo fe anfon e-bost.	It was time for him to send an email.
Ydy hi'n bryd iddyn nhw gyrraedd?	It is time for them to arrive?
Roedd hi'n bryd i chi adael.	It was time for you to leave.

Mae'n hen bryd i fi ...   It's high time for me

Cover one side to test yourself:

Mae'n hen bryd i fi orffen gwaith.	It's high time for me to finish work.
Roedd hi'n hen bryd i ni gael cyfrifiadur.	It was high time for us to have a computer.
Mae hi'n hen bryd iddyn nhw ateb.	It's high time for them to answer.
Ydy hi'n hen bryd i chi ffeindio gwaith?	Is it high time for you to find work?

> *Notice that the verb (e.g. **gweithio**) soft mutates after **i fi** (e.g. > **weithio**).*
>
> *Notice that questions for **rhaid** are asked with **Oes ...?** (Oes rhaid ...?)*
>
> *Questions for **well**, **bryd** and **hen bryd** are asked with **Ydy ...?** (Ydy hi'n bryd ...?)*

*Some other phrases with **i**:*

cyn i fi fynd	before I go / before I went
cyn iddo fe gyrraedd	before he arrives / before he arrived
ar ôl i ni fynd	after we go / after we went

7

at — to, towards

ata i	to me
atat ti	to you
ato fe	to him
ati hi	to her
aton ni	to us
atoch chi	to you
atyn nhw	to them

This is used in phrases such as:

cofio at	to give regards to (**cofio** *to remember*)
Cofia fi ati hi.	Give her my regards (*remind me to her*)
edrych ymlaen at	to look forward to
Dw i'n edrych ymlaen	I'm looking forward
at fynd i'r ysbyty.	to going to hospital

Cover one side to test yourself:

mynd at rywun	to go to (see) someone
dod at rywun	to come to (see) someone
Cofiwch ni atyn nhw.	Give them our regards.
Dy'n ni'n mynd ato fe yn yr ysbyty.	We're going to him in hospital.
Maen nhw'n dod ata i heddiw.	They're coming to me today.
Ro'n ni'n edrych ymlaen ato fe.	We were looking forward to it.

o — of

ohono i	of me
ohonot ti	of you
ohono fe	of him
ohoni hi	of her
ohonon ni	of us
ohonoch chi	of you
ohonyn nhw	of them

cymryd gofal o	to take care of

Cover one side to test yourself:

Cymerwch ofal ohono fe.	Take care of him.
Dw i'n cymryd gofal ohoni hi.	I'm taking care of her.
Faint ohono sy 'da chi?	How much of it have you got?
Dw i eisiau pwys ohono fe.	I want a pound of it.

Say you've got something

gyda — with, have

often shortened to **'da**

Cover one side to test yourself: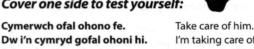

Mae car newydd 'da fi.	I have a new car. / I've got a new car.
Mae gwaith 'da ni heddiw.	We've got work today.
Oedd swyddfa 'da chi?	Did you have an office?
Doedd dim cyfrifiadur 'da ni.	We didn't have a computer.

Answer:	**Possible answers:**
Oes car 'da chi?	**Oes, mae ... 'da fi**
Oes cyfrifiadur 'da chi?	**Na, does dim ... 'da fi**
Oes gwaith 'da chi?	

Some phrases using **gyda**:		**Gyda** *is also used when we say we have a pain:*	
gyda'r wawr	at dawn	**pen tost**	headache
gyda phleser	with pleasure	**cefn tost**	backache
gyda chariad	with love	**llwnc tost**	sore throat
gyda llaw	by the way	**Mae pen tost 'da fi.**	I have a headache.
gyda'i gilydd	together	**Roedd llwnc tost 'da hi.**	She had a sore throat.
		Roedd cefn tost 'da nhw.	They had a backache.

gan

have, with

gen i	I have
gen ti	you have
ganddo fe	he has
ganddi hi	she has
gennyn ni	we have
gennych chi	you have
ganddyn nhw	they have

In north Wales, there is a difference:
Gan *is used instead of* **gyda**

mae gen i	I have
mae ganddo fe	he has
mae ganddi hi	she has
mae gennych chi	you have

The pains have different names in north Wales:

cur pen	headache	**Mae dolur gwddf gen i.**	I have a sore throat.
poen cefn	backache	**Does dim poen cefn ganddi hi.**	She hasn't got a backache.
dolur gwddf	sore throat	**Roedd cur pen ganddo fe.**	He had a headache.

Answer:

Oes poen cefn 'da chi?
Oes dolur gwddf gennych chi?
Oes cur pen gennych chi?

Possible answers:

Oes, mae ... gen i.
Na, does dim ... gen i.

Other prepositions:

wrth by, from
wrtho i, wrthot ti, wrtho fe, wrthi hi, wrthon ni, wrthoch chi, wrthyn nhw

heb without
hebo i, hebot ti, hebddo fe, hebddi hi, hebon ni, heboch chi, hebddyn nhw

dros over
droso i, drosot ti, drosto fe, drosti hi, droson ni, drosoch chi, drostyn nhw

dan under
dano i, danot ti, dano fe, dani hi, danon ni, danoch chi, danyn nhw

trwy through
trwo i, trwot ti, trwyddo fe, trwyddi hi, trwon ni, trwoch chi, trwyddyn nhw

STORI 7:
Mynd yn sâl / Getting ill

Y Corff The Body

boch	cheek	**dwrn/dyrnau**	fist/s
bola	stomach (in south Wales)	**gwallt**	hair
braich/breichiau	arm/s	**gwddf**	neck
brest	chest	**llaw/dwylo**	hand/s
cefn	back	**llygad/llygaid**	eye/s
ceg	mouth	**pen**	head
clust/-iau	ear/s	**penelin/-au**	elbow/s
coes/-au	leg/s	**pen-lin/penliniau**	knee/s
		pen-ôl	backside
		stumog	stomach (in north Wales)
		troed/traed	foot/feet
		trwyn	nose

Answer these when speaking in south Wales:

Oes cefn tost 'da ti?
Oes pen tost 'da ti?
Oes llwnc tost 'da ti?

Answer these when speaking in north Wales:

Oes poen cefn gen ti?
Oes cur pen gen ti?
Oes dolur gwddf gen ti?

Remember: **oes** = yes; **na** = no

Now tell the doctor:

I have a sore throat.
I have a headache.
I have a backache.

What's the matter, love?
I'm ill, I'm very ill.
You're looking ill. What's wrong with you?

— Have you got a temperature?
— Yes, and I've got an awful headache.
— Have we got a thermometer, Dad?
— Yes, it's in the bathroom.

I've found the thermometer.
Mari's been complaining all morning.
I'm worried about her.

— You haven't got a temperature.
— But I've got a cough, I've got a cold, I've got flu.
— Oh dear, you've got everything.
— I'm going to call the doctor.

— Mari's ill in bed.
— What's the matter with her?
— We're not sure. Can you call on us?
— I can call on you this afternoon.

— Breathe in, please.
— I can't breathe well.
— Can you cough?
— I'm coughing all day.

— Well, I don't know what's the matter with her.
— I'm worried about her.
— She hasn't got a cough, she hasn't got a cold.
— And she hasn't got a temperature.

— What have you got in school today?
— Well, I've got a Welsh and English test today.
— And she's got a Maths test tomorrow.
— Well, I know what's wrong with you — testitis!

Cars
Ceir

IN THIS PART:

- Soft mutation
- Possessive pronouns (my, your etc.)
- Nasal and aspirate mutations
- Saying something is being done

SGWRS 8 CONVERSATION 8

SGWRS 8

PRYNU CAR?

BUYING A CAR?

yn iawn	well, OK
celfi	furniture
stafell flaen	front room
grisiau	stairs
prawf	test
peintio	to paint

Hywel: **Mae'n well i ni gael car newydd.**

We'd better have a new car.

Blodwen: **Ond mae'r hen gar yn mynd yn iawn.**

But the old car's going well.

Hywel: **Ydy, mae'r hen gar yn mynd – mae e'n mynd yn hen.**

Yes, the old car's going – it's going old.

Blodwen: **Ond mae'n rhaid i fi gael celfi newydd yn y stafell flaen.**

But I have to have new furniture in the front room.

Hywel: **Does dim byd yn bod ar yr hen gelfi.**

There's nothing wrong with the old furniture.

Blodwen: **Ac mae'n hen bryd i ni gael carped newydd ar y grisiau.**

And it's high time for us to have a new carpet on the stairs.

Hywel: **Ond dydy'r hen gar ddim yn mynd i basio'r prawf MOT.**

But the old car isn't going to pass the MOT test.

Blodwen: **Dy'n ni'n gallu byw heb gar.**

We can live without a car.

Hywel: **Ond mae rhaid i ni gael car da i fynd i Ffrainc.**

But we must have a good car to go to France.

Blodwen: **Mynd i Ffrainc, wir! Mae'n hen bryd i ti beintio'r tŷ!**

Go to France, indeed! It's high time for you to paint the house!

FULL LIST OF MUTATIONS (changes to first letters of words under some circumstances)

Letter	Soft	Aspirate	Nasal
C	g	ch	ngh
P	b	ph	mh
T	d	th	nh
G	drops off	/	ng
B	f	/	m
D	dd	/	n
Ll	l	/	/
M	f	/	/
Rh	r	/	/

How to say my, your, his etc.

fy ... i	my
dy ... di	your
ei ... e	his
ei ... hi	her
ein ... ni	our
eich ... chi	your
eu ... nhw	their

the first element of **fy ... i** (etc.) can stand on its own, e.g.

fy nhad	my father
ei char	her car

Fy *is followed by nasal mutation:*

Car	> **fy nghar i**	**Mae fy nghar i'n newydd.**	My car is new.
	Fy *is often left out,*	**Mae 'nghar i'n newydd.**	My car is new.

Dy *and* **ei** *(his) are followed by soft mutation:*

Car	> **dy gar di**	**Mae dy gar di'n hen.**	Your car is old.
	ei gar e	**Mae ei gar e'n araf.**	His car is slow.

Ei *(her) is followed by aspirate mutation:*

Car	> **ei char hi**	**Roedd ei char hi'n hen.**	Her car was old.

There is no mutation after **ein**, **eich** *and* **eu**

Car	> **ein car ni**	**Mae ein car ni'n newydd.**	Our car is new.
	eich car chi	**Mae eich car chi yn y garej.**	Your car is in the garage.
	eu car nhw	**Roedd eu car nhw'n gyflym.**	Their car was fast.

Just to know:

Words beginning with a vowel add an **h** *after* **ei** *(her),* **ein** *and* **eu**:

Ysgol	> **ein hysgol ni**	**Mae ein hysgol ni ar gau.**	Our school is closed.
	eu hysgol nhw	**Roedd eu hysgol nhw'n dda.**	Their school was good.

Cover and test yourself:

torri lawr	to break down
ar werth	for sale

Mae fy nghar i yn y garej.	My car is in the garage.
Ble wyt ti wedi gadael dy gar di?	Where have you left your car?
Mae ei gar e wedi torri lawr.	His car has broken down.
Ydych chi wedi gweld ei char hi?	Have you seen her car?
Dydy ein car ni ddim yn gyflym iawn.	Our car is not very fast.
Ble mae eich car chi nawr?	Where's your car now?
Roedd eu car nhw ar werth.	Their car was for sale.

8

How to say you see him, her, them, etc.

We use the same pronouns with the same mutations, for me, you, him, etc. around verbs:

fy ... i	me
dy ... di	you
ei ... e	him
ei ... hi	her
ein ... ni	us
eich ... chi	you
eu ... nhw	them

Cover and test yourself:

trwsio	to repair

Maen nhw'n fy ngweld i yfory.	They're seeing me tomorrow.
Dw i ddim wedi dy dalu di.	I haven't paid you.
Wyt ti wedi ei drwsio fe?	Have your repaired it?
Ro'n nhw wedi ei brynu fe ddoe.	They had bought it yesterday.
Maen nhw eisiau ein gweld ni.	They want to see us.
Ro'n ni am eich talu chi.	We wanted to pay you.
Ydych chi wedi eu talu nhw?	Have you paid them?

*After a vowel, **eich** often changes to **'ch**:*

Answer:

cusanu	to kiss	**caru**	to love	**cwtsio**	to hug
eleni	this year	**trydan**	electricity	**nwy**	gas

Ydy'ch car chi'n hen?
Pwy sy wedi'ch gweld chi heddiw?
Oes rhywun wedi'ch cusanu chi heddiw?   *Possible answer:* **Oes, mae Huw wedi fy nghusanu i.**
Oes rhywun yn eich caru chi?   *Possible answer:* **Na, does neb yn fy ngharu i.**
Oes rhywun wedi'ch cwtsio chi heddi?
Tîm rygbi Cymru – ydych chi wedi'u gweld nhw'n chwarae?
Y biliau trydan a nwy – ydych chi wedi'u talu nhw?

Some of the most common places where mutations occur:

Soft mutation:

Feminine nouns after **y** :
cadair > y gadair the chair

Nouns after **dau** *and* **dwy** :
car > dau gar; merch > dwy ferch

Adjectives after a feminine noun: **merch + da > merch dda**

After prepositions, such as **am, ar, at, gan, i, o, dan, wrth** :
am + dim > am ddim (free)

Adjectives after **yn** :
yn + cyflym > yn gyflym quickly

Nouns after **dy**, **ei** (his) :
dy + tad > dy dad your father

Nasal mutation:

Nouns and verbs after **fy** :
fy + car > fy nghar; fy + gweld > fy ngweld i

Nouns after **yn** (in) :
yn + Caerdydd > yng Nghaerdydd

Aspirate mutation:

Nouns after **tri** *and* **chwe** :
tri + plentyn > tri phlentyn three children

Nouns and verbs after **a** :
papur + pensil > papur a phensil

Nouns after **â** :
mynd â + car > mynd â char

Nouns and verbs after **ei** (her) :
ei + tad > ei thad

Nouns and verbs after **gyda** (with):
gyda + parch > gyda pharch (with respect)

Have a go on your mutations!

Soft mutation:
- Dau + bws =
- Dwy + menyw =
- Merch + pert =
- Yn + da =
- Dy + gardd =
- I + gweld =

Nasal mutation:
- Fy + cartref =
- Yn + Caernarfon =
- Fy + bwyd =
- Yn + Talybont =

Aspirate mutation:
- Tri + ci =
- a + tad =

Yn + *(nasal mutation)*

Cover and test yourself:

Caerdydd	Ro'n i yng Nghaerdydd ddoe.	I was in Cardiff yesterday.
Pen-y-bont	Mae hi ym Mhen-y-bont heddiw.	She's in Bridgend today.
Trefynwy	Dw i'n hoffi byw yn Nhrefynwy.	I like to live in Monmouth.
Gwynedd	Mae Bangor yng Ngwynedd.	Bangor is in Gwynedd.
Bangor	Oes ysbyty ym Mangor?	Is there a hospital in Bangor?
Dinbych	Roedd Kate yn byw yn Ninbych.	Kate was living in Denbigh.

How to say that something is being done:

We use **cael** for 'being' or 'been' before **fy**, **dy** etc. (but without the additional **i**, **di**, **e**, **hi** etc.):

Cover and test yourself:

twyllo	to cheat
Dw i wedi cael fy nhalu heddiw.	I've been paid today.
Wyt ti wedi cael dy dalu eto?	Have you been paid yet?
Ydy e wedi cael ei weld yn y dre?	Has he been seen in town?
Dydy hi ddim wedi cael ei dal.	She hasn't been caught.
Dy'n ni wedi cael ein twyllo.	We've been cheated.
Do'ch chi ddim wedi cael eich gadael.	You hadn't been left.
Ro'n nhw wedi cael eu gweld yn y dre.	They had been seen in town.

STORI 8:
Trwsio'r car / Repairing the car

achos	because	**piben**	pipe
(a)goriad	key (in north Wales)	**rhwd**	rust
allwedd	key	**rhyfedd**	strange
bant â ni	off we go (in south Wales)	**rhywle**	somewhere
brêc	brake	**sŵn**	noise
ceir	cars	**torri**	to break
daro	blimey	**tramor**	foreign
ffrind	friend	**trwsio**	to repair, to mend
garej	garage	**twll**	hole
i ffwrdd â ni	off we go (in north Wales)	**twpsyn**	fool
newydd ffonio	just phoned	**yn barod**	ready
o dan	under		
olwyn	wheel		
peiriant	engine		

— Look at my new car, Blodwen. A friend has sold it to me for five hundred pounds.
— But Hywel, what's the strange noise under the car?

— Blimey, you're right. There's a strange noise under the car. A pipe has been broken.
— Can you repair it?
— No. I have to get (some) Elastoplast!

— Look at the paint, Hywel, there's rust on your car.
— Hell, the brake isn't working. The brake has been broken as well.
— Who was the 'friend', Hywel?

— Well, dear, foreign cars are strange. There's no engine in the car. Blodwen! Have you seen the engine somewhere?
— The engine is in the boot, you fool!

What's this pipe, Blodwen?
Hey, Hywel, the pipe is the water hose. Put it back now!
Have you seen my spanner?

— There's a party tonight.
— Whose party?
— Huw and Siân's party – my friend Huw gave me a box of lager because I'd bought his car.

Huw has just phoned me – their party starts at eight o'clock.
Fine, I'm putting the wheel back. Is the beer ready?

— I've put it in the car, Hywel. It's ready, I'm ready. Are you ready?
— Yes. Dear, where's my key? Here it is, off we go!

Buying and Selling
Prynu a Gwerthu

IN THIS PART:

- Saying you've just ...
- Linking words without 'of'
- Adjectival clauses: *who, which*
- Subclauses: *if, when*

SGWRS 9 CONVERSATION 9

SGWRS 9

MYND I FFRAINC

GOING TO FRANCE

newydd ei brynu	just bought
dim dewis	no choice
o'r gorau	all right

ei drwsio fe	repaired it
pan	when
torri lawr	to break down

Dai:	**Mae hi'n bryd i fi fynd â'r car i'r garej.**	It's time for me to take the car to the garage.
Mair:	**Beth sy'n bod arno fe?**	What's the matter with it?
Dai:	**Beth sy ddim yn bod arno fe yw'r cwestiwn.**	What's not the matter with it is the question.
Mair:	**Ond rwyt ti newydd ei brynu fe.**	But you've just bought it.
Dai:	**Roedd e'n rhad, cofia.**	It was cheap, remember.
Mair:	**Oedd, rhad pan wyt ti'n ei brynu fe, ond drud pan wyt ti'n ei drwsio fe.**	Yes, cheap when you buy it, but expensive when you repair it.
Dai:	**Wel, does dim dewis gyda fi nawr – dy'n ni'n mynd i Ffrainc yn y car wythnos nesa.**	Well, I've got no choice now – we're going to France in the car next week.
Mair:	**O'r gorau. Mae'n well i ni gael yswiriant yr AA, ac Yswiriant Ewrop achos mae'r car yn mynd i dorri lawr.**	All right, we'd better have the AA insurance, and Europe Assistance, because the car is going to break down.

> ### How to say you've just done something:
>
> *We use **newydd** for just. It is followed by soft mutation:*
>
> **Newydd + mynd > newydd fynd**

Cover and test yourself: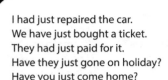

Ro'n i newydd drwsio'r car.	I had just repaired the car.
Dy'n ni newydd brynu tocyn.	We have just bought a ticket.
Ro'n nhw newydd dalu amdano fe.	They had just paid for it.
Ydyn nhw newydd fynd ar wyliau?	Have they just gone on holiday?
Ydych chi newydd ddod adre?	Have you just come home?
Dw i newydd ei brynu e.	I've just bought it.

How to say which, that *or* who *in the middle of a sentence:*
We don't use **pwy** *which is used for the question* 'who?'.
We use **sy**:

y dyn sy'n gwerthu ceir	the man who's selling cars
y fenyw sy'n mynd ar wyliau	the woman who's going on holiday
Ble mae'r garej sy wedi agor?	Where's the garage that has opened?

For negative sentences we use **sy ddim**:

Siân sy ddim yma.	It's Siân who's not here.
Ble mae'r car sy ddim yn gweithio?	Where's the car that's not working?
Pwy yw'r bobl sy ddim yma?	Who are the people who are not here?

Cover and test yourself: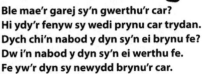

Ble mae'r garej sy'n gwerthu'r car?	Where is the garage that's selling the car?
Hi ydy'r fenyw sy wedi prynu car trydan.	She's the woman who's bought an electric car.
Dych chi'n nabod y dyn sy'n ei brynu fe?	Do you know the man who's buying it?
Dw i'n nabod y dyn sy'n ei werthu fe.	I know the man who's selling it.
Fe yw'r dyn sy newydd brynu'r car.	He is the man who's just bought the car.
Nhw yw'r plant sy ddim wedi mynd.	They are the children who have not gone.

To say 'who was/were' *or* 'that was/were' *we use* **oedd yn**.
To say 'who had' *or* 'that had' *we use* **oedd wedi**.

Wyt ti'n nabod y ferch oedd wedi prynu'r car?	Do you know the girl who had bought the car?
Dw i'n hoffi'r garej oedd yn ei werthu e.	I like the garage which was selling it.
Wyt ti wedi gweld y dyn oedd yma ddoe?	Have you seen the man who was here yesterday?

Cover and test yourself:

Pwy yw'r fenyw oedd yn y siop?	Who's the woman who was in the shop?
Ble mae'r garej oedd wedi gwerthu'r car?	Where's the garage which had sold the car?
Dw i'n hoffi'r dyn oedd yma neithiwr.	I like the man who was here last night.
Dyma'r car oedd wedi cael ei brynu.	This is the car that had been bought.
Roedd hi'n hoffi'r dyn oedd yn ei helpu hi.	She liked the man who was helping her.

Another note about **pwy**:

We use **pwy** *in questions:*

Pwy sy'n gyrru?	Who's driving?
Pwy yw e?	Who is he?

We use **pwy** *when saying who someone is or was:*

Dw i'n gwybod pwy yw e.	I know who he is.
Roedd hi'n gwybod pwy oedd e.	She knew who he was.

We don't use **pwy** *in the middle of sentences when adding information about someone. We use* **sy** *or* **oedd**:

Dw i'n nabod y fenyw sy'n byw yma.	I know the woman who lives here.
Ble mae'r car oedd wedi torri lawr?	Where's the car that had broken down?

Notice how we can avoid using 'of' when we put two words together. 'Of' is usually **o**, *but when we put two words together, we don't need to use it, fairly similar to using ''s' in English (when we do this, the second word is in the genitive):*

car Siân	Siân's car	**dyn y garej**	the garage man
siop y pentre	the village shop	**sedd y car**	the car's seat / the seat of the car

'The' is put at the start of the phrase, but **y** *is put in the middle.*
Where English can use 'the' twice, Welsh just uses **y** *or* **'r** *between the two words:*

diwedd y mis	the end of the month
dechrau'r wythnos	the start of the week

Cover and test yourself:

car y fenyw	the woman's car
cot Mrs Huws	Mrs Huws's coat
canol y dre	the town centre
olwyn y car	the car's wheel
tîm Cymru	Wales' team
neuadd y dre	the town hall
ffenest car	a car window

Writing a letter:

Annwyl	Dear
Cofion	Regards
Cofion gorau	Best regards
Cofion cynnes	Warm regards
Pob hwyl	All the best
Llawer o gariad	Lots of love

Annwyl Mair,	Dear Mair,
Sut wyt ti? Dw i'n dda iawn.	How are you? I'm very well.
Dw i wedi prynu car newydd.	I've bought a new car.
Roedd fy hen gar i wedi torri lawr.	My old car had broken down.
Doedd dim arian 'da fi yn y banc.	I had no money in the bank.
Felly dw i wedi cymryd arian allan o'n cyfri ni.	So I've taken money out of our account.
Dw i'n dod adre yfory yn y car newydd.	I'm coming home tomorrow in the new car.
Dy'n ni'n gallu mynd allan i gael bwyd a mynd yn fy nghar newydd.	We can go out to have food and go in my new car.
Sorri – yn ein car newydd ni.	Sorry – in our new car.
Llawer o gariad,	Lots of love,
Huw	Huw

STORI 9:
Mynd allan am fwyd /
Going out for food

anrheg	gift	**oergell**	fridge
blasus	tasty	**pen blwydd**	birthday
croeso	welcome	**pysgod**	fish
cwrtais	courteous	**sglods**	chips
drud	expensive	**sinc**	sink
gwobr	prize	**syniad da**	good idea
gyda'n gilydd	together	**tŷ bwyta**	restaurant
llestri	dishes	**tybed**	I wonder
meddwi	to get drunk		
nawrte	now then		

— Hey, Blodwen, I've just remembered — your birthday is today. Come from the sink — we're going out for a meal.
— Oh Hywel, that's a good idea. What about going to the restaurant that's just opened in town?

— You can drive to town tonight — I'm going to get drunk.
— Welcome, Blodwen!
— You're very polite tonight, Hywel. I wonder why?

— Now then, what's on the menu?
— Chicken and noodles, twenty pounds, fish and rice, sixteen pounds, curry and chips, fifteen pounds. Hell, Blod, everything is very expensive!
— This is the restaurant that had won a Michelin prize this year.

— What's the matter, Hywel?
— Damn, I haven't got enough money. Only enough to buy a bottle of wine!
— Oh well, you'd better buy a bottle.

Blodwen, this is a bottle of wine that's cost almost twenty pounds! Never mind, here's a birthday present for you.
What are we going to do now, Hywel?
What about going back to the house to have burgers?

— Great — wine and burgers. Then I'm going to the pub to have a game of pool.
— No, Hywel! You're staying in the house with me — we're going to have an evening together.

I'm sorry, there's no sauce here, only a burger — a burger that's been in the fridge for a week.
Never mind, Blodwen, the wine is good.
Huh! I'm going to see what's on television.

— The burger isn't tasty! And there are dishes in the sink which are waiting for me. And I can't go to the pub . . .
— I'm phoning a takeaway — we can have supper in bed!

10 *Preparing Food*
Paratoi Bwyd

IN THIS PART:

- Noun clauses using 'that'
- Money, dishes and food

cwpan/-au	cup/s		**afal/-au**	apple/s
cyllell/cyllyll	knife/knives		**bara**	bread
fforc/ffyrc	fork/s		**bresych**	cabbage
gwydryn/gwydrau	glass/es		**caws**	cheese
llestri	dishes		**cig**	meat
lliain bwrdd	table cloth		**ffa**	beans
llwy/-au	spoon/s		**jam**	jam
plât/platiau	plate/s		**llaeth**	milk
powlen/-ni	bowl/s		**menyn**	butter
soser/-i	saucer/s		**moron**	carrots
			oren/-au	orange/s
			pys	peas
			pysgodyn/pysgod	fish
			taten/tatws	potato/es
			wy/-au	egg/s

brecwast > i frecwast	breakfast > for breakfast
cinio > i ginio	lunch > for lunch
te > i de	tea > for tea
swper > i swper	supper > for supper
peint o laeth	a pint of milk
pwys o siwgr	a pound of sugar
hanner pwys o fenyn	half a pound of butter
torth o fara	a loaf of bread
tun o gawl	a tin of soup
potel o bop	a bottle of pop

SGWRS 10 CONVERSATION 10

BETH SY I FRECWAST?   WHAT'S FOR BREAKFAST?

mêl	honey
darn o dost	a piece of toast
tegell	kettle
sosban	saucepan

Hywel:	**Mae'r cloc larwm newydd ganu.**	The alarm clock has just rung.
	Blodwen – mae hi'n amser codi!	Blodwen – it's time to get up.
Blodwen:	**Daro, mae hi'n wyth o'r gloch.**	Dear, it's eight o'clock.
	Ti sy'n gwneud brecwast heddiw.	You're making breakfast today.
Hywel:	**Beth wyt ti eisiau i frecwast?**	What do you want for breakfast?
Blodwen:	**Paned o goffi, darn o dost, oren.**	A cup of coffee, a piece of toast, an orange.
Hywel:	**Oes torth o fara yn y bin bara?**	Is there a loaf of bread in the bread bin?
Blodwen:	**Oes, ac mae peint o laeth yn yr oergell.**	Yes, and there's a pint of milk in the fridge.
Hywel:	**Oes potel o jam 'da ni?**	Have we got a bottle of jam?
Blodwen:	**Wrth gwrs, yn y cwpwrdd.**	Of course, in the cupboard.
Hywel:	**Dw i ddim yn gallu ffeindio'r mêl.**	I can't find the honey.
Blodwen:	**Mae e ar y bwrdd, wrth gwrs.**	It's on the table, of course.
Hywel:	**Wyt ti'n gwybod ble mae'r tegell?**	Do you know where the kettle is?
	A ble wyt ti wedi rhoi'r sosban?	And where have you put the saucepan?
Blodwen:	**Ti'n anobeithiol! Dw i'n mynd i**	You're hopeless! I'm going to
	wneud brecwast. Golcha di'r llestri!	make breakfast. You wash the dishes!

How to say to know or think 'that':

gwybod bod	to know that
meddwl bod	to think that
credu bod	to believe that
gobeithio bod	to hope that
dweud bod	to say that
bod yn siŵr bod	to be sure that

'bod' *takes the tense of the main verb of the sentence, so it can mean* 'that is', 'that are', 'that was', 'that were':

Dw i'n gwybod bod bwyd yn y tŷ.	I know that there's food in the house.
Mae e'n credu bod potel o laeth yma.	He thinks that there's a bottle of milk here.
Roedd hi'n siŵr bod orenau yn y bowlen.	She was sure that there were oranges in the bowl.

Dw i'n siŵr bod torth o fara ar y bwrdd.	I'm sure that there's a loaf of bread on the table.
Maen nhw'n credu bod wyau yn y siop.	They believe that there are eggs in the shop.
O'ch chi'n gwybod bod y siop yn gwerthu cig?	Did you know that the shop sold/sells meat?
Dw i ddim yn credu bod swper yn barod.	I don't think that supper is ready.
Ro'n ni'n gobeithio bod llaeth gyda ni.	We were hoping that we had milk.
Do'n ni ddim yn gwybod bod cinio'n barod.	We didn't know that lunch was ready.

To say 'that has' *or* 'that have', *or* 'that had', *we use* **bod wedi** *instead of* **bod yn***:*

Dw i'n credu bod Huw wedi codi.	I believe that Huw has got up.
Ro'n ni'n gwybod bod y te wedi oeri.	We knew that the tea had gone cold.
Roedd hi'n credu bod y tegell wedi berwi.	She thought that the kettle had boiled.

Cover and test yourself:

berwi	to boil
llosgi	to burn

Dy'n ni'n gwybod bod Mari wedi codi.	We know that Mari has got up.
Ro'n i'n gobeithio bod yr wyau wedi berwi.	I hoped that the eggs had boiled.
Roedd hi'n siŵr bod y bwyd wedi cyrraedd.	She was sure that the food had arrived.
O'ch chi'n dweud bod y siop wedi agor?	Did you say that the shop had opened?
Maen nhw'n dweud bod y plant wedi dod.	They're saying that the children have come.
Dw i'n credu bod y tost wedi llosgi.	I think that the toast has burnt.

How to say 'that he is / was' *etc.:*

You remember how we used **ei weld e** *for* 'to see him'.

Similarly we use **ei fod e** *for* 'that he is' *or* 'that he was'*:*

fy mod i	that I am / was
dy fod di	that you are / were
ei fod e	that he is / was
ei bod hi	that she is / was
ein bod ni	that we are / were
eich bod chi	that you are / were
eu bod nhw	that they are / were

this is often shortened to **'mod i**

dy, ei, ein, eich, eu *are often left out,*
leaving **bod ti, bod e/hi, bod ni, bod chi, bod nhw**

Cover and test yourself:

coginio   to cook

Mae e'n credu fy mod i'n barod.	He thinks that I'm ready.
Dy'n nhw ddim yn gwybod ei bod hi'n dod.	They don't know that she's coming.
O'ch chi'n gobeithio ein bod ni'n mynd?	Did you hope that we were going?
Dw i'n siŵr ei fod e'n gwneud swper.	I'm sure that he's making supper.
Dych chi'n credu eu bod nhw'n gwybod?	Do you think that they know?
O'ch chi'n gwybod ei bod hi'n coginio?	Did you know that she was cooking?

10

To say 'that not' *we put* **ddim** *after* **bod**:

bod ... ddim	that ... not
bod Ann ddim ...	that Ann is not ...
fy mod i ddim ...	that I'm not ...

Cover and test yourself:

Dw i'n gwybod bod Huw ddim wedi codi.	I know that Huw hasn't got up.
Mae hi'n credu eu bod nhw ddim eisiau te.	She thinks that they don't want tea.
Maen nhw'n gobeithio ei bod hi ddim yn dod.	They hope that she isn't coming.
Roedd hi'n siŵr ei fod e ddim yn yfed llaeth.	She was sure that he didn't drink milk.
O'ch chi'n dweud fy mod i ddim yn gallu gwneud bwyd?	Did you say that I couldn't make food?
Ro'n i'n gwybod eu bod nhw ddim yn hoffi gwin.	I knew that they didn't like wine.

Arian Money

Faint yw ...
     How much is ...

Beth yw pris ...
     What's the price (of) ...

With money and time, we use more traditional forms of numbers, especially for 12, 15, 18 and 20:

1p	**un geiniog**	£1	**un bunt**
2p	**dwy geiniog**	£2	**dwy bunt**
3p	**tair ceiniog**	£3	**tair punt**
4p	**pedair ceiniog**	£4	**pedair punt**
5p	**pum ceiniog**	£5	**pum punt**
6p	**chwe cheiniog**	£6	**chwe phunt**
7p	**saith ceiniog**	£7	**saith punt**
8p	**wyth ceiniog**	£8	**wyth punt**
9p	**naw ceiniog**	£9	**naw punt**
10p	**deg ceiniog**	£10	**deg punt**
20p	**ugain ceiniog**	£12	**deuddeg punt**
30p	**tri deg ceiniog**	£15	**pymtheg punt**
50p	**pum deg ceiniog**	£18	**deunaw punt**
etc.		£20	**ugain punt**
		£30	**tri deg punt**
		£50	**pum deg punt / hanner canpunt**
		£100	**can punt**

Faint yw'r menyn?		**Dwy bunt**	
Faint yw dwsin o wyau?		**Dwy bunt, tri deg ceiniog**	
Beth yw pris potel o laeth?		**Un bunt pum deg ceiniog**	
Beth yw pris y cig?		**Naw punt tri deg ceiniog**	

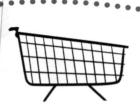 

STORI 10:
Siopa am siwgr / Shopping for sugar

anghofio	to forget	**'i fod e = ei fod e**	that it is
ar unwaith	at once	**haeddu**	to deserve
arwyddion	signs	**hir**	long
bant â fi	off I go	**mecryll**	mackerels
cig moch	bacon	**o leiaf**	at least
cyfle	opportunity	**o'r gorau**	all right
cymaint	so much	**ochr arall**	other side
dwyieithog	bilingual	**rhestr**	list
ffresh	fresh	**sylweddoli**	to realise
gorau	best	**synnu**	to be surprised
gwag	empty		
gwynto	to smell		

Did you know that the cupboard is empty? It's high time for you to go shopping.
Me shopping? But you know that I always forget things!

— But I've made a list for you — I think that everything is on this list.
— All right — but I'm surprised that there are so many things! Oh well, off I go then.

Tesco — hell on earth. But there are bilingual signs here. I think that everything is here, but where? Where's the sugar?

— One pound of fish, please. Are you sure that they're fresh? They smell.
— Everyone knows that I sell the best fish, sir.

— Excuse me, where's the sugar?
— I think it's on the other side — it's by the flour.

— Hallelujah! The sugar. What have I forgotten? I'm sure that I've had everything now — fish, fruit, vegetables, bread, coffee — and sugar.

— At last, I'm sure that I deserve a medal for shopping today. Well, I deserve a pint or two at least.

— Have you had everything? But where's the flour, the butter, the bacon — sure that you haven't looked properly. And only a pound of sugar! You ha to go back at once!
— Well, blimey! (*thinking*: I'm going for a pint before shopping.) Fine, love, going now. I won't be long.

Going on Holiday
Mynd ar Wyliau

IN THIS PART:

- Future tense
- Saying *if* and *when*

SGWRS 11 CONVERSATION 11	SGWRS 11

PRYNU PEIRIANT GOLCHI	BUYING A WASHING MACHINE

lwcus	lucky
cyfandir	continent
y flwyddyn nesa	next year
eleni	this year

Dai: **Wyt ti wedi clywed bod pythefnos o wyliau gyda fi ym mis Awst eleni?**
Have you heard that I have a fortnight's holiday in August this year?

Mair: **Rwyt ti'n lwcus. Beth ydyn ni'n mynd i wneud?**
You're lucky. What are we going to do?

Dai: **Wel, rwy'n credu ei bod hi'n bryd i ni fynd i'r cyfandir.**
Well, I think it's time for us to go to the continent.

Mair: **Wyt ti'n credu bod digon o arian gyda ni?**
Do you think that we've got enough money?

Dai: **Rwy'n siŵr bod ychydig gyda ni yn y banc.**
I'm sure that we've got a little in the bank.

Mair: **Rwyt ti'n gwybod 'mod i eisiau cael peiriant golchi llestri.**
You know that I want to have a dishwasher.

Dai: **Wyt ti'n gwybod faint mae e'n costio?**
Do you know how much it costs?

Mair: **Dim llawer, dim ond pedwar can punt.**
Not a lot, only four hundred pounds.

Dai: **Ond dyna i gyd sy gyda ni yn y banc.**
But that's all we have in the bank.

Mair: **Wel, dy'n ni'n gallu mynd i'r cyfandir y flwyddyn nesa. A beth bynnag, mae rhaid i ni beintio'r tŷ eleni hefyd.**
Well, we can go to the continent next year. And in any case, we have to paint the house this year as well.

Y Dyfodol — *The Future*

To say that something will happen, we can replace **dw i** with **bydda i** etc.:

Bydda i	I will	**Byddwn ni**	we will
Byddi di	you will	**Byddwch chi**	you will
Bydd e	he will	**Byddan nhw**	they will
Bydd hi	she will		

Cymru	Wales	**Yr Alban**	Scotland	**Iwerddon**	Ireland
Sbaen	Spain	**Ffrainc**	France	**Lloegr**	England
gartre	at home				

Cover and test yourself:

Bydda i'n mynd i Sbaen yn yr haf.	I'll be going to Spain in the summer.
Byddwn ni'n mynd i Ffrainc.	We'll be going to France.
Bydd Dai'n aros gartre.	Dai will stay at home.
Byddwch chi'n mwynhau yn Sbaen.	You'll enjoy yourself in France.
Byddan nhw yma yfory.	They'll be here tomorrow.
Bydd hi'n mynd ar wyliau hefyd.	She'll go on holiday as well.

To ask questions, we change the first letter from **b** to **f**:

gwersylla   to camp

Fyddwch chi'n mynd i'r gêm yn Iwerddon?	Will you be going to the game in Ireland?
Fydd hi'n gwersylla yn Sbaen?	Will she be camping in Spain?
Fyddan nhw'n aros mewn carafán?	Will they be staying in a caravan?

Cover and test yourself:

fanna	there, over there
cyn bo hir	before long
Fyddwch chi'n gallu dod gyda ni?	Will you be able to come with us?
Fydd hi'n braf yn Sbaen?	Will it be fine in Spain?
Fyddwn ni'n aros am bythefnos?	Will we be staying for a fortnight?
Fydd e'n mynd ar wyliau eleni?	Will he be going on holiday this year?
Fydda i'n gallu nofio fanna?	Will I be able to swim there?
Fyddan nhw'n ôl cyn bo hir?	Will they be back before long?

To answer 'yes' we use the verb:

Bydda	Yes (*I will*)	**Byddwn**	Yes (*we will*)
Byddi	Yes (*you will*)	**Byddwch**	Yes (*you will*)
Bydd	Yes (*he will, she will*)	**Byddan**	Yes (*they will*)

To answer 'No' is easier: just use
Na

But you can also use the verbs after **Na***, with the same meaning:*
Na fydda, na fyddi, na fydd, na fyddwn, na fyddwch, na fyddan

Cover and test yourself:

hedfan   to fly

Fyddwch chi yma yfory? – Byddwn	Will you be here tomorrow? – Yes (*we will*)
Fyddi di'n dod gyda ni? – Bydda	Will you come with us? – Yes (*I will*)
Fyddwn ni'n gwersylla? – Byddwn	Will we be camping? – Yes (*we will*)
Fyddan nhw'n aros yma? – Byddan	Will they stay here? – Yes (*they will*)
Fydd hi'n hedfan i Ffrainc? – Bydd	Will she be flying to France? – Yes (*she will*)
Fydd y plant yn mynd gyda'r trên? – Byddan	Will the children go in the train? – Yes (*they will*)

To say that you won't be doing something, start the verb with **f***, similar to the question, and add* **ddim***:*

Fydda i ddim yn mynd.	I won't be going.
Fyddwn ni ddim yn cael gwyliau eleni.	We won't have a holiday this year.

Cover and test yourself:

Yr Almaen   Germany

Fydd e ddim yn hedfan i'r Almaen.	He won't be flying to Germany.
Fyddan nhw ddim yma'n gynnar.	They won't be here early.
Fydda i ddim yn gwersylla.	I won't be camping.
Fydd hi ddim yn dod gyda ni.	She won't be coming with us.
Fyddwn ni ddim yn aros am wythnos.	We won't be staying for a week.
Fydd Huw ddim yn mynd heddiw.	Huw won't be going today.

To say 'there won't be' *we use* **Fydd dim** *(just as we use* **Does dim***):*

gobeithio   to hope, also used for I hope, we hope

Fydd dim llawer o bobl yno.	There won't be a lot of people there.
Fydd dim byd i wneud yno.	There won't be anything to do there.
Fydd dim awyren yn hedfan heddiw.	There won't be an aeroplane flying today. (No aeroplane will fly today.)
Fydd dim glaw yn Palma, gobeithio.	There'll be no rain in Palma, I hope.
Fydd dim rhaid mynd yn gynnar.	There'll be no need to go early. (It won't be necessary to go early.)
Fydd dim pwrpas mynd yn y gaeaf.	There won't be a purpose going in winter. (There'll be no point going in winter.)

Other questions:

Ble byddwch chi ...?	Where will you ...?
Pryd byddwch chi ...?	When will you ...?
Sut byddwch chi ...?	How will you ...?

Answer:

teithio   to travel

Fyddwch chi'n mynd ar wyliau eleni?

Pryd byddwch chi'n mynd?

Sut byddwch chi'n hoffi teithio?

Ble byddwch chi'n mynd?

Gyda phwy byddwch chi'n mynd? (with whom ...)

Fyddwch chi'n aros gartref eleni?

More countries

Awstria	Austria
Gwlad Belg	Belgium
Y Swistir	Switzerland
Yr Eidal	Italy

Say what you will do on holiday, e.g.

Bydda i'n mynd i Aberystwyth yn y car. Bydda i'n mynd gyda'r teulu. Bydda i'n aros mewn gwesty. Bydda i'n nofio yn y môr. *etc.*

How to say *if* or *when:*

Os   if

Just put **os** *before the statement:*

Os bydd Mair yn mynd, bydda i'n mynd.	If Mair goes, I will go.
Os bydd hi'n bwrw glaw, bydda i'n aros adre.	If it will rain, I'll stay at home.
Os ydy hi'n braf, dw i'n mynd i'r traeth.	If it's fine, I'm going to the beach.
Os byddwch chi'n talu, bydda i'n dod.	If you're paying, I'm coming.

Pan   when

Pan is followed by soft mutation, e.g. **pan fydd**

Pan fydd Alun yma, bydda i'n barod.   When Alun's here, I will be ready.
Bydda i yma pan fyddi di'n cyrraedd.   I'll be here when you'll arrive.
Pan fydd hi'n cyrraedd, bydda i'n gadael.   When she'll arrive, I'll leave.
Roedd hi'n braf, pan oedd e yma.   It was fine, when he was here.

Say what you'll do:

Use **bydda i** ...

Os bydd hi'n braf heddiw, ...   **Pan fydd car newydd 'da fi, ...**
Os bydd hi'n bwrw glaw yfory, ...   **Pan fydd digon o arian 'da fi, ...**
Os bydda i'n gyfoethog (rich)**, ...** **Pan fydda i'n hen, ...**

STORI 11:
Trefnu gwyliau /
Arranging a holiday/holidays

barod	ready	**haeddu**	to deserve
bodlon	willing	**hedfan**	to fly
cadw lle	to keep a place, to book	**newydd agor**	just opened
		pabell	tent
caredig	kind	**swyddfa**	office
dim ond	only	**wrth dy fodd**	in your element
dathlu	to celebrate	**yr un**	each
gwersyll	camp	**y we**	the web
gwersyllwyr	campers		

- I'm ready for a holiday. If Blodwen is willing, I want to go to Spain this year. Will we go to Spain this year?
- (*reading*): "A new camp will open this year in Costa Ariana. The campers won't have to wear clothes. The price will be very cheap . . ."

- I'll go to Costa Ariana this year. Will the girls be wearing clothes? (*reading*): "Many people will want to go to the new camp, so you'll have to keep a place early."
- I'll ask Blodwen tonight if she'll want to go to Spain with me.

- Have you had a good day at work today, Hywel?
- Yes, I've worked hard all day. We deserve a holiday this year. What about going to Spain? You'll be in your element – it will be fine.
- We can go to a travel agency tomorrow to book a place.

- When will you want to go to Spain? Where will you want to stay?
- We'll be able to go in August. And we'll want to stay in Costa Ariana. I've read that a new camp is opening there.
- Yes. There's a new camp there. The town's women's hockey team will be going there in August.

Will you want to travel in a train, a plane, or on a ship?
In a plane — we will only have a fortnight's holiday. We'd better spend the fortnight in Spain.
Fine, I'll look at the web now. Is there room on August the 2nd? Yes!
You'll be flying on August the 2nd, and coming home on August the 16th.

— The plane will leave Cardiff at nine in the morning, you'll fly to Amsterdam, and then to Barcelona.
— What about bags?
— Well, you'll be able to have a case each. Will two cases be enough?
— Yes, we won't need a lot of clothes, will we, Blod?

Well Blod, everything will be alright now. In six months we'll be flying to Barcelona. We deserve to celebrate.
I'm looking forward, Hywel. What will I be able to wear? I'll have to buy a summer frock, and I'll need a new swimming costume.

— Have you got clothes?
— My case hasn't arrived. What will I wear today?
— But there's no need to wear clothes in the camp.
— What, Hywel?! There's no one naked here!

12 Shopping for Clothes
Siopa am Ddillad

IN THIS PART:

• Past tense   • Short form of verbs

SGWRS 12 CONVERSATION 12

MYND I BRIODAS

GOING TO A WEDDING

Welsh	English	Welsh	English
blows/-ys	blouse/s	**cot/-iau**	coat/s
crys/-au	shirt/s	**esgid/-iau**	shoe/s
ffrog/-iau	frock/s	**hosan/-au**	sock/s
sgert/-iau	skirt/s	**siaced/-i**	jacket/s
siwmper/-i	jumper/s	**siwt/-iau**	suit/s
trowsus/-au	trouser/s		

Bob:	**Beth fyddwn ni'n 'neud dydd Sadwrn, Ann?**	What will we do on Saturday, Ann?
Ann:	**Bydda i'n siopa yn y bore. Beth fyddi di'n 'neud?**	I'll be shopping in the morning. What will you be doing?
Bob:	**Bydda i'n mynd i'r gêm gydag Alun.**	I'll go to the game with Alun.
Ann:	**Ond byddwn ni'n mynd i briodas wythnos nesa.**	But we'll be going to a wedding next week.
Bob:	**Mae cot a siwt gyda fi.**	I've got a coat and a suit.
Ann:	**Maen nhw'n hen! Bydd eisiau crys newydd, a siwt newydd arnat ti.**	They're old! You'll need a new shirt, and a new suit.
Bob:	**Ond bydd yr hen siwt yn iawn.**	But the old suit will be alright.
Ann:	**Na, dyw hi ddim! Bydda i'n cael dillad newydd. Bydd rhaid i ti gael dillad newydd.**	No, it's not! I'll be having new clothes. You'll have to have new clothes.
Bob:	**O'r gorau, bydda i'n siopa gyda ti!**	Alright. I'll be shopping with you!
Ann:	**Bydda i'n prynu esgidiau a ffrog newydd.**	I'll buy shoes and a new frock.
Bob:	**A wedyn?**	And then?
Ann:	**A wedyn byddwn ni'n mynd i gael pryd neis o fwyd!**	And then we'll go to have a nice meal!

HOW TO SAY WHAT HAPPENED
(I went, I came, I did etc.)

Mynd	to go	Dod	to come	Gwneud	to do
es i	I went	des i	I came	gwnes i	I did
est ti	you went	dest ti	you came	gwnest ti	you did
aeth e	he went	daeth e	he came	gwnaeth e	he did
aeth hi	she went	daeth hi	she came	gwnaeth hi	she did
aethon ni	we went	daethon ni	we came	gwnaethon ni	we did
aethoch chi	you went	daethoch chi	you came	gwnaethoch chi	you did
aethon nhw	they went	daethon nhw	they came	gwnaethon nhw	they did

12

> With all nouns, singular and plural, we use **aeth**, **daeth**, **gwnaeth**:
>
> | **aeth y plant** | the children went |
> |---|---|
> | **daeth y trên** | the train came |
> | **gwnaeth y merched** | the girls did |

Cover and test yourself:

Es i i brynu dillad ddoe.	I went to buy clothes yesterday.
Des i adre'n gynnar.	I came home early.
Aeth hi i brynu ffrog newydd.	She went to buy a new frock.
Aethon ni i gael pryd o fwyd.	We went to have a meal.
Daethoch chi i'n gweld ni.	You came to see us.
Daethon ni yma i weld y siopau.	We came here to see the shops.

Say where you went:

Yn y bore, es i i ...
Yn y prynhawn, es i i ...
Wythnos diwetha, es i i ...
Yn y gwyliau, es i i ...

Questions:

We use the same forms of the verbs to ask questions:

Aethoch chi i'r dre?	Did you go to town?
Est ti i'r gwaith heddiw?	Did you go to work today?

With questions, verbs starting with **c, p, t, g, b, d, ll, m** *or* **rh**, *these undergo soft mutation, so* **d** *changes to* **dd**, *and* **g** *drops off:*

Ddaethoch chi adre neithiwr?	Did you come home last night?
Ddest ti yma ddoe?	Did you come here yesterday?
Wnaethoch chi siopa ddoe?	Did you shop yesterday?
Wnest ti edrych ar y gêm?	Did you look at the game?

To answer yes:

Do

To answer no:

Naddo *or* **Na**

Aethoch chi i'r gwaith bore 'ma?	Did you go to work this morning?
Do, es i i'r gwaith yn gynnar.	Yes, I went to work early.
Naddo, es i i'r dre.	No, I went to town.

Answer:

Aethoch chi i'r dre bore 'ma?	**Est ti i'r dre wythnos diwetha?** (last week)
Ble aethoch chi ddoe?	**Pryd aethoch chi i'r dre?**
Aethoch chi i'r gwaith heddiw?	**Sut aethoch chi i'r dre?**

Gwnes i *etc. can be used to make up the past tense of all Welsh verbs. We simply put any verb after it, but remember to soft mutate the first letter if it's one of those 9 letters that can soft mutate:*

Prynu	**Gwnes i brynu dillad.**	I bought clothes.
Gweld	**Gwnaeth e weld y gêm.**	He saw the game.
Talu	**Gwnaeth hi dalu am y bwyd.**	She paid for the food.
Gwerthu	**Gwnaethon nhw werthu'r car.**	They sold the car.
Gyrru	**Gwnaethoch chi yrru'n gyflym.**	You drove quickly.
Dal	**Gwnest ti ddal y bws.**	You caught the bus.
Colli	**Gwnes i golli'r trên.**	I missed the train.

When speaking, we can put **fe** *in front of* **Gwnes i** *(and all other forms of the past tense). It introduces a positive statement. In north Wales* **mi** *is used instead of* **fe**. *It is followed by soft mutation. Say what you did when you went to town to buy clothes.*

Cover and test yourself:

Fe wnes i godi'n gynnar.	I got up early.
Fe wnes i gerdded i'r dre.	I walked to town.
Mi wnes i fwyta cinio cyn siopa.	I ate lunch before shopping.
Mi wnes i brynu crys a throwsus.	I bought a shirt and trousers.
Mi wnes i dalu gyda cherdyn.	I paid with a card.
Fe wnes i ddal bws adre.	I caught a bus home.

We use soft mutation when asking a question:

Wnest ti godi'n gynnar heddi?   Did you get up early today?
Wnest ti gysgu'n dda?   Did you sleep well?

> ### Say what you did today:
>
> **yna**   then
> **wedyn**   then, afterwards
>
> *e.g.*
> **Gwnes i godi, es i i'r gegin, gwnes i frecwast, wedyn es i i'r ardd.**
> **Gwnes i weithio yn yr ardd, yna es i i'r dre.** *etc.*

STORI 12:
Cofio'r gwyliau /
Remembering the holidays

haul	sun	**lleuad**	moon
machlud	to set (sun)		

— Where did we go last year?
— In August? We went to Palma in August.
— I remember – we caught the little train from Palma to Sóller.

— Of course – we went on the little train. Did you enjoy yourself?
— Yes, I enjoyed myself very much. Where did we go in December?
— We skied.
— Of course, we went to Austria.

— What are we doing tonight? Are we going to town to have food?
— Well, on Monday night we ate in La Parilla, but you didn't like the food.
— On Tuesday night we went to Restaurant Pesquero. But you didn't like the fish.
— No, I didn't. But what do we want for supper tonight?

— Well, you made a big breakfast for us today.
— And we ate a good lunch in town.
— And then we went to the café to have coffee and cake for tea.
— Well, I know, what about staying on the balcony tonight – the sun is setting, the moon is rising, and the wine is good.

In the Welsh Class

Yn y dosbarth Cymraeg

13

IN THIS PART:

- Negative sentences in the past tense.
- Past of **bod** (*to be*) and **cael** (*to have*)

SGWRS 13 CONVERSATION 13	SGWRS 13

DOD I NABOD RHYWUN

GETTING TO KNOW SOMEONE

Mair:	**Beth yw'ch enw chi?**	What's your name?
Hannah:	**Hannah ydw i. A chi?**	I'm Hannah. And you?
Mair:	**O ble y'ch chi'n dod?**	From where do you come?
Hannah:	**Dw i'n dod o Hebron. A chi?**	I come from Hebron. And you?
Mair:	**Dw i'n dod o Fangor.**	I come from Bangor.
Hannah:	**Ble aethoch chi i'r ysgol?**	Where did you go to school?
Mair:	**Es i i Ysgol Gyfun Tryfan.**	I went to Tryfan Comprehensive School.
	Aethoch chi i'r brifysgol?	Did you go to university?
Hannah:	**Do, es i i Brifysgol Telaviv.**	Yes, I went to Telaviv University.
Mair:	**Beth wnaethoch chi wedyn?**	What did you do afterwards?
Hannah:	**Gwnes i weithio mewn banc.**	I worked in a bank.
Mair:	**Fe wnes i weithio mewn swyddfa.**	I worked in an office.
	Ble wnaethoch chi fyw wedyn?	Where did you live afterwards?
Hannah:	**Fe wnes i fyw yn Israel cyn dod i Gymru.**	I lived in Israel before coming to Wales.
	Ble wnaethoch chi ddysgu Cymraeg?	Where did you learn Welsh?
Mair:	**Fe wnes i ddysgu Cymraeg yn yr ysgol.**	I learned Welsh in school.
Hannah:	**A dw i'n dysgu Cymraeg nawr!**	And I'm learning Welsh now!

To say something did not happen, we start with soft mutation (if applicable) and use **ddim**:

Aeth e i'r ysgol > Aeth e ddim i'r ysgol.

Cover and test yourself:

dim	nothing
dim byd	nothing
dosbarth	class

Es i ddim i'r dosbarth heddiw.	I didn't go to the class today.
Wnes i ddim dysgu Cymraeg yn yr ysgol.	I didn't learn Welsh in school.
Ddaeth hi ddim gyda fi i'r dosbarth.	She didn't come with me to the class.
Wnaeth e ddim dysgu dim!	He didn't learn anything!
Aeth e ddim gyda'i chwaer.	He didn't go with his sister.
Wnaeth yr athro ddim byd heno.	The teacher didn't do anything tonight.

Say, beginning with **wnes i ddim***:*

You didn't learn Welsh in school.
You didn't go to the class today.
You didn't work this morning.
*You didn't speak Welsh as a child (***yn blentyn***).*

To say that you didn't do a particular thing, we use **mo** *instead of* **ddim***:*

Wnes i mo'r te bore 'ma.
I didn't make the tea this morning.

Cover and test yourself: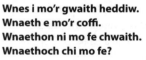

Wnes i mo'r gwaith heddiw.	I didn't do the work today.
Wnaeth e mo'r coffi.	He didn't make the coffee.
Wnaethon ni mo fe chwaith.	We didn't do it either.
Wnaethoch chi mo fe?	Didn't you do it?

Using **bod** *(to be) in the past:*

bues i	I was		**buon ni**	we were
buest ti	you were		**buoch chi**	you were
buodd e	he was		**buon nhw**	they were
buodd hi	she was			

There is a sense of 'went' to these, as the action is complete, whereas **roedd e** *etc. (he was) has the sense of an unfinished action, or a continuous one.*

Buodd e yn y gwaith heddiw.   He was in (went to) work today.

Cover and test yourself:

Bues i yn y dosbarth neithiwr.	I was in the class last night.
Buodd hi yno ddoe.	She was there yesterday.
Buon nhw yn y brifysgol y llynedd.	They were in (went to) university last year.
Buon ni yn Abertawe bore 'ma.	We were in (went to) Swansea this morning.

*We can use **bues i** etc. with verbs after **yn** or **'n**:*
Bues i'n dysgu Cymraeg am flwyddyn.   I learnt Welsh for a year.

Cover and test yourself:

gwers	lesson
astudio	to study
ymarfer	to practise
paratoi	to prepare
Buodd hi'n paratoi ar gyfer y wers.	She was preparing for the lesson.
Buon ni'n astudio berfau.	We studied verbs.
Buodd e'n ymarfer siarad.	He practised speaking.
Buon nhw'n siarad am y tywydd.	They talked about the weather.

13

Look at these:

blwyddyn	year
un flwyddyn	one year
blynedd	years (*used after numbers, soft mutation after **dwy***)
Ro'n i'n dysgu Cymraeg am ddwy flynedd.	I was learning Welsh for two years.
Gwnes i ddysgu Cymraeg am ddwy flynedd.	I learnt Welsh for two years.
Bues i'n dysgu Cymraeg am un flwyddyn.	I was learning / I learnt Welsh for one year.

*How we say 'years old': we use **blwydd** which can be mutated after certain numbers:*

un flwydd oed	one year old
dwy flwydd oed	two years old
tair blwydd oed	three years old
pedair blwydd oed	four years old
pum mlwydd oed	five years old
deng mlwydd oed	ten years old
ugain mlwydd oed	twenty years old

These past tenses overlap considerably and can be interchangeable, so there's no need to worry which you use when talking.

Asking questions with **Bues i** *etc.: just use soft mutation, so* **b > f**:

Fuoch chi yn y wers?   Were you in / Did you go to the lesson?

Cover and test yourself:

Fuodd e'n dysgu Cymraeg?   Was he learning / Did he learn Welsh?
Fuon ni yno'r llynedd?   Were we / Did we go there last year?
Fuest ti'n byw yn Aberystwyth? Did you live in Aberystwyth?
Fuon nhw'n byw yn Lloegr?   Did they live in England?

Yes *and* No *are just as with other past tense forms of the verb:*

Do	Yes
Na or **Naddo**	No

Ask someone, starting with **Fuest ti ...?** *or* **Fuoch chi ...?**

Did you go to the class last night?
Were you in town today?
Did you live in England?
Did you learn Welsh in school? (**yn yr ysgol**)

Past tense of **cael** *(to have):*

ces i	I had
cest ti	you had
cafodd e	he had
cafodd hi	she had
cawson ni	we had
cawsoch chi	you had
cawson nhw	they had

Cover and test yourself:

hwyl fun	
Ces i lyfr i ddysgu Cymraeg.	I had a book for learning Welsh.
Cafodd e lawer o help.	He had a lot of help.
Cawson ni help gan yr athro.	We had help from the teacher.
Cawsoch chi hwyl yn y wers.	You had fun in the lesson.
Ces i wers Gymraeg heddiw.	I had a Welsh lesson today.

Some variations:

In south Wales you could hear these variations:

cafodd e	>	cas e	cawsoch chi	>	cesoch chi
cafodd hi	>	cas hi	cawson nhw	>	ceson nhw
cawson ni	>	ceson ni			

To ask questions, change the first **c** to **g** (soft mutation):

Cover and test yourself:

Gest ti amser da yn y dosbarth? — Did you have a good time in the class?
Gawsoch chi gwpaned o de? — Did you have a cup of tea?
Gafodd hi hwyl yn y wers? — Did she have fun in the lesson?
Gawson nhw wers neithiwr? — Did they have a lesson last night?

To say you didn't have something, the first **c** changes to **ch** (aspirate mutation) –
although when speaking, we don't always keep to this, so don't worry about it!

Cover and test yourself:

Ches i ddim hwyl heno. — I didn't have fun tonight.
Chafodd e ddim amser da. — He didn't have a good time.
Chawson ni ddim help o gwbl. — We didn't have (any) help at all.
Chest ti ddim ateb. — You didn't have an answer.

13

Geni   to (be) born

Use **ces i + fy + geni** to say where and when you were born (note: there are mutations):

Ces i fy ngeni. — I was born.
Ces i fy ngeni yn Abertawe. — I was born in Swansea.
Ces i fy ngeni yn un naw naw pump. — I was born in 1995.

These are the words that follow each other:
fi + fy; ti + dy; e + ei; hi + ei; ni + ein; chi + eich; nhw + eu

Cover and test yourself:

Ble cest ti dy eni? — Where were you born?
Ces i fy ngeni yng Nghaerdydd. — I was born in Cardiff.
Pryd cest ti dy eni? — When were you born?
Ces i fy ngeni yn nwy fil a chwech. — I was born in 2006.
Cafodd e ei eni ym Mangor. — He was born in Bangor.
Gawsoch chi eich geni yma? — Were you born here?

Cael *is used here for* 'to be' *rather than* 'to have':

brifo   to hurt
curo   to beat

Ces i fy ngweld yn y dosbarth. — I was seen in the class.
Cafodd e ei weld yn y dre. — He was seen in town.
Cawson ni ein brifo. — We were hurt.
Cawson nhw eu curo. — They were beaten.

Answer:

Ble cawsoch chi eich geni?
Pryd cawsoch chi eich geni?
Gawsoch chi eich geni ym Mangor?
Gest ti dy eni yn un naw wyth chwech?

Hen wlad fy nhadau

The Welsh national anthem

Mae hen wlad fy nhadau yn annwyl i mi,
Gwlad beirdd a chantorion, enwogion o fri;
Ei gwrol ryfelwyr, gwladgarwyr tra mad,
Dros ryddid collasant eu gwaed.
    Gwlad! Gwlad!
    Pleidiol wyf i'm gwlad!
    Tra môr yn fur i'r bur hoff bau
    O bydded i'r heniaith barhau.

The old land of my fathers is dear to me,
Land of bards and singers, famous people of renown;
Her brave warriors, patriots so fine,
For freedom they lost their blood.
    Land! Land!
    I'm partisan to my land!
    While the sea is a wall to the pure dear land,
    Oh may the old language continue.

STORI 13:
Sut i ddiflasu ffrindiau /
How to bore friends

balconi	balcony	**yn bwrw eira**	snowing
gwyllt	wild		

Good evening! Welcome, Huw and Gwenno!
Are we early?
No, you're lucky — I've prepared my holiday pictures. Come in to see the show.

— Did you stay in a hotel?
— Yes, we had a hotel in the middle of the mountains. We went skiing every day. We went to town in the valley one day.

What did you have to eat and drink?
We were drinking every day — schnapps every morning, and we had a goulash at lunch time.
Where did you go skiing?

— We went down the mountain to the village one day — we had a good time there, and we drank in a hotel.
— You drank too much, probably!

— Then we went in the sauna — we went there with two girls.
— What did you do at night?

— One night we had a wild party — there was a yodelling group singing in the hotel.
— Did you learn how to yodel?
— No, but I learnt how to drink schnapps!

— It was snowing one evening — and we didn't go out of the hotel then for three days!
— Luckily, there was enough schnapps in the hotel, and we drank on the balcony all day.

— Do you like the pictures, Huw? Hey, Huw, don't sleep! There are another fifty pictures — they're all on the USB . . .

Going to the Game

Mynd i'r Gêm

14

IN THIS PART:
- past tense of verbs

| SGWRS 14 | CONVERSATION 14 | SGWRS 14 |

GÊM RYGBI

A RUGBY GAME

croen	skin
chwaraeon	sport
diddordeb	interest
gwlychu	to get wet
pêl-droed	football
rygbi	rugby

Mair:	**Ble buest ti neithiwr, Siân?**	Where did you go last night, Siân?
Siân:	**Bues i yn y gêm.**	I was in the game.
Mair:	**Pwy oedd yn chwarae?**	Who was playing?
Siân:	**Bangor a'r Bala oedd yn chwarae.**	Bangor and Bala were playing.
Mair:	**Oedd hi'n gêm dda?**	Was it a good game?
Siân:	**Roedd hi'n gêm dda, ond fe wnes i wlychu at y croen.**	It was a good game, but I got wet to the skin.
Mair:	**Beth oedd y sgôr?**	What was the score?
Siân:	**Bangor tri deg chwech, y Bala pump.**	Bangor 36, Bala 5.
Mair:	**Roedd llawer o goliau!**	There were many goals!
Siân:	**Na, gêm rygbi oedd hi, nid pêl-droed.**	No, it was a rugby game, not football.
Mair:	**O wel, does dim diddordeb 'da fi mewn chwaraeon.**	Oh well, I have no interest in sport.
Siân:	**Beth wnest ti neithiwr 'te?**	What did you do last night, then?
Mair:	**Fe es i i'r gampfa i gadw'n heini.**	I went to the gym to keep fit.

We can add endings to all verbs to say what's happened in the past. These are the endings:

-ais i   -est ti   -odd e   -odd hi   -on ni   -och chi   -on nhw

cicio	to kick		
ciciais i	I kicked	**ciciodd y plant**	the children kicked
ciciest ti	you kicked	**cicion ni**	we kicked
ciciodd e	he kicked	**cicioch chi**	you kicked
ciciodd hi	she kicked	**cicion nhw**	they kicked

The last **i**, **u**, **o** of verbs are dropped off, then we add the endings:

cario	**cariais i**	I carried
codi	**codais i**	I got up, I picked up
gwario	**gwariais i**	I spent
gwisgo	**gwisgais i**	I dressed

gwerthu	**gwerthais i**	I sold
prynu	**prynais i**	I bought
gyrru	**gyrrais i**	I drove
gwenu	**gwenais i**	I smiled

rhoddi	**rhoddais i**	I gave
torri	**torrais i**	I cut
ymolchi	**ymolchais i**	I washed
colli	**collais i**	I lost

> *Others drop some letters:*
>
> | | | |
> |---|---|---|
> | **gweld** | **gwelais i** | I saw |
> | **yfed** | **yfais i** | I drank |
> | **sefyll** | **sefais i** | I stood |
>
> (*but* **safodd e**, **safodd hi**, **safon ni**, **sefoch chi**, **safon nhw**)
>
> (*in south Wales you will hear and use* **-es i** *instead of* **-ais i**, *e.g.* **caries i**)

Cover and test yourself:

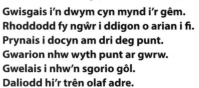

Gwisgais i'n dwym cyn mynd i'r gêm.	I dressed warmly before going to the game.
Rhoddodd fy ngŵr i ddigon o arian i fi.	My husband gave me enough money.
Prynais i docyn am dri deg punt.	I bought a ticket for thirty pounds.
Gwarion nhw wyth punt ar gwrw.	They spent eight pounds on beer.
Gwelais i nhw'n sgorio gôl.	I saw them scoring a goal.
Daliodd hi'r trên olaf adre.	She caught the last train home.

Some verbs remain whole when adding the past endings:

siarad	**siaradais i**	I spoke		**edrych**	**edrychais i**	I looked
eistedd	**eisteddais i**	I sat		**chwarae**	**chwaraeais i**	I played
cwrdd	**cwrddais i**	I met		**gorffen**	**gorffennais i**	I finished
darllen	**darllenais i**	I read				

Cover and test yourself:

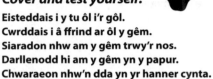

Eisteddais i y tu ôl i'r gôl.	I sat behind the goal.
Cwrddais i â ffrind ar ôl y gêm.	I met a friend after the game.
Siaradon nhw am y gêm trwy'r nos.	They talked about the game all night.
Darllenodd hi am y gêm yn y papur.	She read about the game in the paper.
Chwaraeon nhw'n dda yn yr hanner cynta.	They played well in the first half.
Edrychon ni ar y gêm ar y teledu.	We looked at the game on television.

14

Some other verbs just change a little before adding past endings:

mwynhau	**mwynheuais i**	I enjoyed
dal	**daliais i**	I caught
ennill	**enillais i**	I won
dechrau	**dechreuais i**	I started
cyrraedd	**cyrhaeddais i**	I arrived
aros	**arhosais i**	I stayed, I waited

While others are a little more irregular:

dweud	**dywedais i**	I said
gadael	**gadewais i**	I left

(but **gadewaist ti, gadawodd e, gadawon ni, gadawoch chi, gadawon nhw**)

Cover and test yourself:

Collon ni'r gêm, yn anffodus.	We lost the game, unfortunately.
Enillon nhw yn y funud ola.	They won in the last minute.
Cyrhaeddais i'r gêm yn hwyr.	I arrived at the game late.
Mwynheuodd e'n fawr, diolch byth.	He enjoyed himself very much, thank goodness.
Gadewais i'n gynnar.	I left early.
Cerddais i adre ar ôl y gêm.	I walked home after the game.

> *With all these forms of the past tense, when talking, we can add **fe** at the start (followed by soft mutation). It just makes it sound a little more informal:*

Fe gyrhaeddais i'n gynnar.   I arrived early.

*In north Wales it's common to add **mi** at the start (again with soft mutation):*

Mi adewais i'n gynnar.   I left early.

*Questions are just the same as with **Wnaethoch chi?** We soft mutate.*

Answer these:

Godoch chi'n gynnar bore 'ma?
Weloch chi gêm ar y teledu ddoe?
Edrychoch chi ar rygbi ar y teledu heddiw?
Ddarllenoch chi am y gêm yn y papur?
Brynoch chi docyn i weld unrhyw gêm y llynedd? (unrhyw gêm – any game)
Fwynheuoch chi unrhyw gêm eleni? (eleni – this year)

> *When we use these in the negative, we use aspirate mutation for the first letter where this is possible:*
> **c>ch; p>ph; t>th**

C:	Codi	>	**Chododd e ddim yn gynnar.**	He didn't get up early.
P:	Prynu	>	**Phrynais i ddim tocyn.**	I didn't buy a ticket.
T:	Talu	>	**Thalon nhw ddim am y tocyn.**	They didn't pay for the ticket.

> *We use soft mutation for the six other letters that can mutate:* **g>/; b>f; d>dd; ll>l; m>f; rh>r**

G:	Gweld	>	**Welon ni ddim gôl heddiw.**	We didn't see a goal today.
B:	Bwrw	>	**Fwrodd hi ddim glaw bore 'ma.**	It didn't rain this morning.
D:	Dal	>	**Ddalion nhw ddim tacsi.**	They didn't catch a taxi.
Ll:	Llanw	>	**Lanwodd y cae ddim.**	The field didn't get full.
M:	Meddwl	>	**Feddylies i ddim am y peth.**	I didn't think about the thing.
Rh:	Rhedeg	>	**Redodd hi ddim adre.**	She didn't walk home.

When speaking these are hardly noticeable, so don't worry too much about mutations!

*When we put a specific person or thing after the verb, e.g. a name, a pronoun (e.g. **fe**) or a word after **y** (the), we use **mo** instead of **ddim**:*

Welais i mo fe yn y gêm.   I didn't see him in the game.

Cover and test yourself:

wedi'r cyfan	after all
yn dda iawn	very well
yn anffodus	unfortunately
gyda lwc	luckily
rhaglen	programme

Phrynodd e mo'r tocyn wedi'r cyfan.	He didn't buy the ticket after all.
Thalon nhw mo fi ddoe.	They didn't pay me yesterday.
Chiciodd hi mo'r bêl yn dda iawn.	She didn't kick the ball very well.
Ddaliais i mo'r trên, yn anffodus.	I didn't catch the train, unfortunately.
Ddarllenais i mo'r rhaglen.	I didn't read the programme.
Fwynheuodd hi mo'r gêm.	She didn't enjoy the game.

> To say 'when' when using the past tenses, we use **pan** (followed by soft mutation):
>
> **Buon ni'n aros am awr pan ddaeth y trên.**
> We waited for an hour when the train came.

Cover and test yourself:

14

dathlu	to celebrate
tîm	team
sgorio	to score
y bêl	the ball

Dathlon ni pan enillodd y tîm.	We celebrated when the team won.
Talon nhw pan gawson nhw'r tocyn.	They paid when they had the ticket.
Aeth e adre pan ddaeth y bws.	He went home when the bus came.
Sgoriodd hi pan gafodd hi'r bêl.	She scored when she had the ball.
Rhedodd e o'r cae pan ddaeth y glaw.	He ran off the field when the rain came.
Pan welais i nhw, es i adre.	When I saw them, I went home.

Atebwch / Answer:

Pryd codoch chi bore 'ma?	**Beth wnaethoch chi ar ôl brecwast?**
Beth gawsoch chi i frecwast?	**Pwy weloch chi heddiw?**
Beth yfoch chi i frecwast?	**Ble aethoch chi ar ôl brecwast?**

Questions with emphasis:

Just answer with the name, noun or pronoun, then you can add the rest of the sentence:

cais	try
gynta	first

Pwy gollodd y gêm?	**Ni gollodd y gêm.**	It was us who lost the game.
Pwy enillodd heddiw?	**Cymru enillodd heddiw.**	It was Wales who won today.
Dafydd sgoriodd gynta?	**Ie, Dafydd sgoriodd gynta.**	Yes, it was Dafydd who scored first.
Siân sgoriodd y cais?	**Nage, Mair sgoriodd.**	No, it was Mair who scored.

To emphasise who didn't do something, we start with **Nid**:

Nid ni enillodd.	It wasn't us who won.
Nid nhw gollodd.	It wasn't them who lost.
Nid fe sgoriodd.	It wasn't him who scored.

How to say who went, who bought, that sold, which came:

We can link two statements and just need to soft mutate the first letter of the verb in the second statement. (This is caused by 'a', which can mean 'who', or 'that', but is usually left out):

Dw i'n nabod y dyn. Prynodd y car.	I know the man. He bought the car.
Dwi'n nabod y dyn brynodd y car.	I know the man who bought the car.

Cover and test yourself:

Mr Jones yw'r dyn werthodd y tocyn.	Mr Jones is the man who sold the ticket.
Gwelais i'r gêm enillon ni ddoe.	I saw the game which we won yesterday.
Hi yw'r fenyw welais i yn y dre.	She's the woman I saw in town.
Ble mae'r bwyd brynais i bore 'ma?	Where's the food I bought this morning?
Welaist ti'r gôl sgorion ni?	Did you see the goal that we scored?
Beth yw enw'r tîm enillodd?	What's the name of the team that won?

Join these sentences in the same way:

Dwi'n nabod y chwaraewr. Sgoriodd y gôl.
Hi yw'r fenyw. Gwelais i yn y dre.
Welaist ti'r gôl? Sgoriodd y tîm.
Dyma'r tocyn. Prynais i ddoe.
Ble mae'r tocyn? Prynais i bore 'ma.

STORI 14:
Mynd i weld y rygbi /
Going to see the rugby

cais	try	**fel**	like
cic gosb	penalty kick	**felly**	therefore
coed derw	oak trees	**hwyl fawr**	goodbye
chwaith	either	**o leia**	at least
do fe?	did I? did he/she/ we/you/ they?	**o'r blaen**	before
		on'd do fe?	didn't I/he/she/ we/you/they?
dy dro di	your turn		
dyna i gyd	that's all	**pob hwyl**	goodbye
		pyst	posts
		rhaglen	programme
		sgarmes	maul
		smwddio	ironing, to iron
		tro diwetha	last time
		yn bert	pretty, prettily

Try to answer these:

Pryd codoch chi bore 'ma?

Beth wnaethoch chi heddiw?

Beth wnaethoch chi ddoe?

Ble buoch chi bore 'ma?

Ble buoch chi ddoe?

Beth gawsoch chi i frecwast?

Beth gawsoch chi i ginio?

Ble aethoch chi ar wyliau?

— So long, little Sionyn. Your dad went to the game last time. So I'm going this time.
— Goodbye, Mam. Dad had a good time, I remember. Don't drink too much!

— We had a good place to see the game, Blodwen. Did you bring the whiskey bottle?
— Yes, of course, but I forgot to buy a programme. Who's playing, Mari?

— Wow, look at his legs, Mari! They're like oak trees! Have you seen legs like that before?
— No! And he kicked the ball prettily, didn't he?

— Did you find the shirt, Sionyn? We've almost finished the ironing.
— This is the last shirt, Dad. But you didn't iron it very well.

Wow, he kicked that penalty well — straight through the posts.
We'll be 'pyst' tonight, perhaps, Mari! Are we winning the game?

— Yes — we're winning easily. Look — we scored another try.
— Scrum and maul — I don't understand the game properly.

Well, Mari, did you enjoy the game?
Yes, well, we won, at least, but I didn't understand the game. The players had good legs!
Well, a small one before going. I didn't drink too much to drive, did I?

— Hello, Alun, I crashed the car on the way home!
— Oh no!
— Did you finish the ironing? It's your turn to go out next — you're going to chapel tomorrow morning.

IN THIS PART:

• The conditional verb: should, would

SGWRS 15

NEITHIWR		LAST NIGHT	
anafu	to injure	cael ei anafu	to be injured
ysgwydd	shoulder	cyfergyd	concussion
yn frwnt	dirtily (**yn fudr** *in north Wales*)	ymladd	to fight
rownd ola	last round	cystadleuaeth	competition
yn hawdd	easily	diflas	boring

Ahmed:	**Gwelais i gêm dda gydag Ali neithiwr.**	I saw a good game with Ali last night.
Hinda:	**Ble aethoch chi?**	Where did you go?
Ahmed:	**I Lanelli. Chwaraeodd y Sgarlets yn dda.**	To Llanelli. The Scarlets played well.
Hinda:	**Enillon nhw?**	Did they win?
Ahmed:	**Naddo, ond gwnaethon nhw'n dda.**	No, but they did well.
	Cafodd Jenkins ei anafu.	Jenkins was injured.
	A thorrodd Jones ei ysgwydd.	And Jones broke his shoulder
	Wedyn cafodd Smith gyfergyd.	Then Smith had concussion.
Hinda:	**Ymladd yw hynny, nid chwarae!**	That's fighting, not playing!
Ahmed:	**Chwaraeodd Caerdydd yn frwnt iawn.**	Cardiff played very dirtily.
	Beth wnest ti neithiwr?	What did you do last night?
Hinda:	**Fe welais i'r tennis ar y teledu.**	I saw the tennis on television.
Ahmed:	**Pa gêm welaist ti?**	Which game did you see?
Hinda:	**Y rownd ola yn Awstralia – cystadleuaeth y merched.**	The last round in Australia – the women's competition.
Ahmed:	**Pwy enillodd?**	Who won?
Hinda:	**Maria Doler. Curodd hi'r llall yn hawdd.**	Maria Doler. She beat the other one easily.
Ahmed:	**Collodd Sara Radish felly?**	So Sara Radish lost?
Hinda:	**Do, doedd hi ddim yn dda iawn.**	Yes, she wasn't very good.
Ahmed:	**Oedd hi'n gêm ddiflas?**	Was it a boring game?
Hinda:	**Na, a chafodd neb ei anafu!**	No, and no one was injured!

Dylwn i   I should

Dylwn i *does not have a verb-noun form (e.g.* **darllen***), so you won't find it in many dictionaries.*
These are the forms we need to know:

dylwn i	I should		**dylen ni**	we should
dylet ti	you should		**dylech chi**	you should
dylai fe	he should		**dylen nhw**	they should
dylai hi	she should			

We usually use **dylwn i** *etc. followed by a verb, which is soft mutated:*

Dylwn i weithio yn yr ardd.   I should work in the garden.

Cover one side and test yourself:

hadau	seeds		**llysiau**	vegetables
palu	to dig		**yn lle**	instead of
tyfu	to grow		**lawnt**	lawn
blodau	flowers			

Dylwn i brynu hadau yn y siop.	I should buy seeds in the shop.
Dylet ti balu'r ardd bore 'ma.	You should dig the garden this morning.
Dylai hi fod yn braf heddiw.	It should be fine today.
Dylech chi dyfu blodau yn yr ardd flaen.	You should grow flowers in the front garden.
Dylen nhw dyfu llysiau yn lle blodau.	They should grow vegetables instead of flowers.
Dylai fe dorri'r lawnt.	He should cut the lawn.

To ask a question, we can soft mutate the first **d***:*

Ddylwn i blannu tatws ym mis Mawrth?   Should I plant potatoes in March?
Ddylen ni blannu llysiau ym mis Tachwedd?   Should we plant vegetables in November?

To answer 'yes', we repeat the appropriate form of the verb:

Dylwn	yes (I should)
Dylet	yes (you should)
Dylai	yes (he or she should)
Dylen	yes (we or they should)
Dylech	yes (you should)

15

*To answer 'no', just use **na** or put **na** in front of the above 'yes' answers, and soft mutate.*

Na or **Na ddylwn**
Na or **Na ddylai**
etc.

*And to say you shouldn't do something, simply put **ddim** after **Ddylwn**:*

Ddylwn i ddim gweithio yn yr ardd.	I shouldn't work in the garden.
Ddylen ni ddim torri'r lawnt ym mis Ionawr.	We shouldn't cut the lawn in January.

Cover one side and test yourself:

blasus	tasty
lladd	to kill
chwyn	weeds
ffa	beans
Ddylen ni dyfu tomatos eleni?	Should we grow tomatoes this year?
Dylen – maen nhw'n flasus.	Yes, they're tasty.
Sut dylwn i ladd chwyn?	How should I kill weeds?
Dylet ti eu codi nhw â llaw.	You should pick them up by hand.
Ddylech chi blannu ffa ym mis Chwefror?	Should you plant beans in February?
Na, ddylech chi ddim, mae'n rhy oer.	No, you shouldn't, it's too cold.

*To say you should have done something, we use **fod wedi**:*

garddio   to garden, to work in the garden
Dylwn i fod wedi garddio cyn y glaw.   I should have worked in the garden before the rain.

Cover one side and test yourself:

Dylwn i fod wedi palu'r ardd yn yr hydref.	I should have dug the garden in autumn.
Dylen ni fod wedi tyfu llysiau eleni.	We should have grown vegetables this year.
Ddylen ni ddim fod wedi tyfu tatws.	We shouldn't have grown potatoes.
Dylai'r blodau fod wedi ymddangos.	The flowers should have appeared.
Ddylet ti fod wedi helpu?	Should you have helped?
Ddylwn i fod wedi prynu hadau?	Should I have bought seeds?

> *Other verbs often used when expressing 'would' and 'could':*
>
> | | | |
> |---|---|---|
> | **hoffi** | **hoffwn i** | I would like |
> | **gallu** | **gallwn i** | I could |

Cover one side and test yourself:

bresych	cabbages
letys	lettuce
Hoffech chi gael coeden yn yr ardd?	Would you like a tree in the garden?
Hoffwn i gael coeden afalau.	I would like an apple tree.
Allen ni dyfu bresych eleni?	Could we grow cabbages this year?
Gallen, ond hoffwn i dyfu letys.	Yes, but I would like to grow lettuce.
Gallech chi roi dwy goeden fan hyn.	You could put two trees here.
Hoffwn i fyw yn y wlad.	I'd like to live in the country.

And we can use these for what we would have liked to or could have done:

Hoffwn i dyfu tatws.	I would like to grow potatoes.
Hoffwn i fod wedi tyfu tatws.	I would have liked to have grown potatoes.

15

Cover one side and test yourself:

Hoffwn i fod wedi tyfu tomatos.	I would have liked to have grown tomatoes.
Gallen ni fod wedi torri'r lawnt.	We could have cut the lawn.
Hoffet ti fod wedi bod yn ffermwr?	Would you have liked to have been a farmer?
Gallwn i fod wedi plannu blodau heddiw.	I could have planted flowers today.
Allen ni fod wedi lladd y chwyn?	Could we have killed the weeds?
Hoffech chi fwyta tatws yr ardd?	Would you like to eat the garden potatoes?

*Similarly we use the same endings for **baswn i,** I would:*

baswn i	I would
baset ti	you would
basai fe	he would
basai hi	she would
basen ni	we would
basech chi	you would
basen nhw	they would

In more formal Welsh these are used:

byddwn i	I would
byddet ti	you would
byddai fe	he would
byddai hi	she would
bydden ni	we would
byddech chi	you would
bydden nhw	they would

Basen i'n hoffi tyfu tatws. — I would like to grow potatoes.
Basai fe'n meddwl am fod yn ffermwr. — He would think of being a farmer.
Basen ni'n palu'r ardd bob bore. — We would dig the garden every morning.

For 'if … was / if … were' we use **taswn i / taset ti***:*

taswn i	if I would	**tasen ni**	if we would
taset ti	if you would	**tasech chi**	if you would
tasai fe	if he would	**tasen nhw**	if they would
tasai hi	if she would		

Baswn i'n palu'r ardd tasai hi'n braf. — I'd dig the garden if it were fine.
Basai fe'n helpu tasai amser 'da fe. — He'd help if he had time.
Basen ni'n prynu blodau tasai'r siop ar agor. — We'd buy flowers if the shop was open.

In more formal Welsh we can use **pe** *for if:*

Byddwn i'n palu'r ardd pe byddai hi'n braf. — I'd dig the garden if it were fine.
Byddai fe'n helpu pe byddai amser 'da fe. — He'd help if he had time.
Bydden ni'n prynu blodau pe byddai'r siop ar agor. — We'd buy flowers if the shop was open.

We can alo use **bai** *instead of* **byddai***:*

Byddai'r blodau'n tyfu pe bai hi'n bwrw glaw. — The flowers would grow if it were raining.

To say you would have, *use* **wedi***:*

Baswn i wedi'r palu ardd tasai hi wedi bod yn braf. — I would have dug the garden if it had been fine.
Basai fe wedi prynu blodau tasai arian 'da fe. — He would have bought flowers if he had money.

Cover one side and test yourself:

wrth fy modd	in my element
wrth eich bodd	in your element

Faswn i ddim yn gwneud hynny. — I would not do that.
Basen ni wedi gorffen y gwaith tasai hi'n braf. — We would have finished the work if it were fine.
Baswn i'n hoffi gorwedd yn yr ardd. — I would like to lie in the garden.
Basai hi'n hoffi prynu dau rosyn. — She would like to buy two roses.
Basen ni'n tyfu tatws tasai lle gyda ni. — We'd grow potatoes if we had room.
Basech chi wrth eich bodd yn gweld yr ardd. — You'd be in your element seeing the garden.

Answer:

Pa flodau basech chi'n prynu tasai digon o arian 'da chi?
Pa goed basech chi'n plannu tasai gardd fawr 'da chi?
Pryd dylech chi balu'r ardd?
Fasech chi'n hoffi bod yn ffermwr?
Hoffech chi gael gardd?
Beth hoffech chi dyfu pe bai gardd fawr 'da chi?

STORI 15:
Paratoi'r ardd /
Preparing the garden

berfa	wheelbarrow	**llanast**	mess
cerrig	stones	**llysiau**	vegetables
glaswellt	grass	**nôl**	to fetch
gwlychu	to soak	**palu**	to dig
gwrme	gourmet	**paratoi**	to prepare
gynta	first	**plannu**	to plant
lawnt	lawn	**rhaca**	rake

— You should clear this mess first, Hywel.
— I'd like to do that, love.

— Now, Hywel, we could grow vegetables in the garden. I could prepare gourmet food for you.
— Fine, Blodwen, no problem.

— I've just cut the tree down. What should I do next?
— You should fetch a wheelbarrow to move the stones. You could make a wall with the stones.

— Hey, Hywel, you shouldn't piss in the garden!
— Don't worry, Blodwen, I'm giving water to the lawn.

You shouldn't wet the clothes, you fool.
You should move them from the line, then!

– What would you like to do now?
– I'd like to go to bed, but I should plant the potatoes!

Abel, you silly dog! Go away! You shouldn't dig up the potatoes!
Would you like to take the dog for a walk after finishing in the garden?

– Happy now, Blod? I should be a farmer, I think. At least, I'd like to have a pint or two tonight.
– But, Hywel, you and I could start painting the house wall before going to the pub!

Getting Married
Priodi

IN THIS PART:

- the future, short form of verbs

SGWRS 16 CONVERSATION 16

SGWRS 16

GWNEUD GWIN

MAKING WINE

eirin Mair	gooseberries
eirin	plums
tarten	tart

Huw:	**Mae'r llwyni'n llawn ffrwythau –** **dylen ni wneud rhywbeth â nhw.**	The bushes are full of fruit – we should do something with them.
Siân:	**Dylet ti gasglu'r ffrwythau cyn gwneud** **dim.**	You should collect the fruit before doing anything.
Huw:	**O'r gorau, beth am gasglu'r eirin Mair?**	All right, what about collecting the gooseberries?
Siân:	**Siân ydw i, nid Mair!**	I'm Siân, not Mair!
Huw:	***Gooseberries* yw eirin Mair!** ***Plums* yw eirin.**	*Eirin Mair* are gooseberries! *Eirin* are plums.
Siân:	**Gallen ni wneud tarten gyda nhw.**	We could make a tart with them.
Huw:	**Na, mae gormod o siwgr mewn tarten.**	No, there's too much sugar in a tart.
Siân:	**Gallet ti wneud jam gyda nhw.**	You could make jam with them.
Huw:	**Na, mae jam yn hanner siwgr.** **Gallen ni wneud gwin eirin Mair!**	No, jam is half sugar. We could make gooseberry wine!
Siân:	**Ond mae llawer o siwgr mewn gwin.**	But there's a lot of sugar in wine.
Huw:	**Ond bydd y siwgr yn troi'n alcohol –** **mae hynny'n wahanol!**	But the sugar will turn into alcohol – that's different!

Most verbs can have endings which are used for the present tense, but which mainly have a future meaning.

These are the endings:

edrycha(f) i	I will look	**edrychith y plant**	the children will look
edrychi di	you will look	**edrychwn ni**	we will look
edrychith e	he will look	**edrychwch chi**	you will look
edrychith hi	she will look	**edrychan nhw**	they will look

Very often we put **fe** in front of these – it causes soft mutation, and just adds an affirmative tone to the statement. In north Wales, add **mi** instead of **fe**.

Fe wela i ti yfory.   I'll see you tomorrow.
Mi welan nhw chi heno.   They'll see you tonight.

Cover and test yourself: ✋

Cadwa i le yn y gwesty heno.   I'll keep a place in the hotel tonight.
Pryna i'r deisen briodas yfory.   I'll buy the wedding cake tomorrow.
Trefnwn ni'r blodau nos yfory.   We'll arrange the flowers tomorrow night.
Fe siaradwn ni gyda'r ficer wythnos nesa. We'll speak to the vicar next week.
Mi edrychwn ni ar y fwydlen nes ymlaen. We'll look at the menu later on.
Mi ofynna i i Huw fy mhriodi i!   I'll ask Huw to marry me!

To answer questions, start with soft mutation:

Cymryd > Gymeri di ginio gyda fi?   Will you take lunch with me?
Gweld > Welwch chi'r ficer yfory?   Will you see the vicar tomorrow?

Negative sentences

To form negative sentences, the aspirate mutation is used with verbs starting with **C, P, T**, and soft mutation with verbs starting with **G, B, D, Ll, M, Rh**:

Wela i ddim ffrindiau yfory.   I won't see any friends tomorrow.
Phryna i ddim byd i'r briodas.   I won't buy anything for the wedding.

Wela i mo'r ficer yfory.   I won't see the vicar tomorrow.
Phryna i mo'r blodau heddiw.   I won't buy the flowers today.

But the most commonly used verb used with a future short form is **gwneud**.

It can also be used with all other verbs:

gwna i	I'll do
gwnei di	you'll do
gwnaiff e	he'll do
gwnaiff hi	she'll do
gwnawn ni	we'll do
gwnewch chi	you'll do
gwnân nhw	they'll do

16

Gwneud > Gwna(f) i	I'll do

Cover and test yourself: ✋

paratoadau   preparations
Gwna i'r paratoadau nawr.   I'll do the preparations now.
Fe wna i'r trefnu yfory.   I'll do the arranging tomorrow.
Mi wna i bopeth yn y bore.   I'll do everything in the morning.
Fe wnei di hoffi'r fodrwy.   You'll like the ring.
Fe wnân nhw fwynhau'r bwyd.   They'll enjoy the food.
Gwnawn ni edrych ar y capel yfory.   We'll look at the chapel tomorrow.

'Yes' and 'No':

Forms of **gwneud** *can be used to answer Yes with all short forms of verbs:*

gwahoddiad   invitation
Wnei di ddod gyda fi? – Gwnaf   Will you come with me? – Yes. (*I will*)
Edrychi di ar y gwahoddiad? – Gwnaf.   Will you look at the invitation? – Yes.
Wnewch chi aros amdana i? – Gwnawn.   Will you wait for me? – Yes. (*We will*)

Na *is used for 'no', or* **Na wnaf** *etc.:*

cofrestrydd   registrar
am y tro   for the time being
Wnei di edrych ar y blodau?   Will you look at the flowers?
Na, dw i'n brysur.   No, I'm busy.
Wnawn ni gael gair gyda'r cofrestrydd?   Shall we have a word with the registrar?
Na wnawn, nid heddiw.   No, not today.
Gadwn ni le yn y bwyty yfory?   Shall we book a place in the restaurant tomorrow?
Na wnawn, nid am y tro.   No, not for the time being.

Other commonly used short forms of verbs:

MYND	DOD	CAEL
a(f) i	do(f) i	ca(f) i
ei di	doi di	cei di
aiff e	daw e	caiff e
aiff hi	daw hi	caiff hi
awn ni	down ni	cawn ni
ewch chi	dewch chi	cewch chi
ân nhw	dôn nhw	cân nhw

The same mutations and use of **fe** *or* **mi** *apply to these as for the other verbs.*

Fe gaf i fodrwy yfory.   I'll get a ring tomorrow.
Mi gei di weld.   You'll see.
Fe gawn ni ddiod wedyn.   We'll have a drink afterwards.

Remember the various meanings of **cael**:

cael   to have, may, to be allowed
diod   a drink
Ga i ddod i'r briodas?   May I come to the wedding?
Cei, wrth gwrs.   Yes (you may), of course.

Ddaw hi i'r parti nos?	Will she come to the night party?
Daw, os caiff hi.	Yes, if she's allowed.
Ga i ddiod, os gwelwch yn dda?	May I have a drink, please?
Cewch, beth yfwch chi?	Yes, what will you drink?
Beth wnawn ni ar ôl y parti?	What will we do after the party?
Fe gawn ni ddiod cyn mynd i'r gwely.	We'll have a drink before going to bed.
Ga i'r ddawns nesa, os gwelwch yn dda?	May I have the next dance, please?
Na chewch! Dw i wedi dawnsio digon!	No! I've danced enough!
Ble ewch chi ar eich mis mêl?	Where will you go on your honeymoon?
Fe gawn ni rai dyddiau yn Corfu.	We'll have a few days in Corfu.
Pryd cawn ni'ch gweld chi?	When shall we see you?
Wythnos nesa, ar ôl dod adre.	Next week, after coming home.
Ga i gwpaned o de, a theisen?	May I have a cup of tea, and a cake?
Cewch, wrth gwrs.	Yes, of course.

16

Answer:

Beth wnewch chi, pan ddaw'r gaeaf?
Beth wnewch chi heddiw, os daw'r glaw?
Ble ewch chi, os bydd hi'n braf?
Ble ewch chi, pan fydd hi'n bwrw glaw?

STORI 16:
Gwell hwyr na hwyrach /
Better late than never

caru	to love	**cynllunio**	to plan
gwledd	feast	**gwahodd**	to invite
dim gobaith	no hope	**anrhegion**	presents
yn rhydd	free	**call**	sensible
popeth yn iawn	quite OK		
yn hamddenol	leisurely		

— Oh Blodwen, I love you.
— Oo, that's nice, Hywel!
— Shall we get married!
— Yes, of course!

— What may we give you?
— We'd like to have a wedding feast.
— And we'd like an evening party.
— Will you get married here in the hotel?
— No, no hope! We'll get married in the church!

— There's one Saturday in May free next year.
— Quite all right, we'll wait.
— You can prepare everything leisurely.
— Very good, we'll have enough time to plan the wedding.

— We've posted all the invitation cards!
— Can we invite work people?
— If we invited everyone, a hundred and fifty people would come!

- Shall we make a gift list?
- Yes, we'll have sensible presents.
- I'd like to have bed clothes, towels . . .
- We'll have three toasters!

- Shall we have children, Hywel?
- You'll have a pint tomorrow night.
- No, children!
- We can think about that again!

- Does one need to marry before having children, Hywel?
- Well, everything is possible.

- We could have got married six months ago, Hywel!
- Yes, but never mind. Better late than later (never)!
- Can I have a gin and tonic now?
- No, only an orange juice!

KEY TO GRAMMAR

Numbers refer to parts of the book

WORD AND PHRASE FINDER

Numbers refer to parts of the book

DICTIONARY

Words are listed according to Welsh, rather than English, alphabetization. The entry headings:

A	DD	NG	L	P	T
B	E	H	LL	PH	TH
C	F	I	M	R	U
CH	FF	J	N	RH	W
D	G	K	O	S	Y

Within the entries, words are alphabetized according to the English alphabet. (In Welsh dictionaries, it is standard practice to use the Welsh alphabet to alphabetize the definitions within entries.)

With noun entries, the plural form is indicated in one of two ways, depending on how it is created. If the plural is created by altering the root spelling of the singular noun, as with the noun 'abaty' and its plural form 'abatai', it is indicated like this:

abaty/abatai

If, however, the plural is formed by adding a suffix to the original noun, as with the noun 'dyn' and its plural form 'dynion', it is indicated by following the singular noun with the suffix, like this:

dyn/-ion

ABBREVIATIONS

+ ASP.M.	followed by aspirate mutation
+ N.M.	followed by nasal mutation
+ S.M.	followed by soft mutation
adj.	adjective
adv.	adverb
art.	article
conj.	conjunction
f.	feminine
inter.	interjection
interrog.	interrogatory word
m.	masculine
mf.	masculine and feminine
n.	noun
N.W.	North Wales
neg.	negative word
nf.	feminine noun
nm.	masculine noun
npl.	plural noun
num.	numeral
ord.	ordinal
pl.	plural
poss.	possessive
prep.	preposition
pron.	pronoun
rel. pron.	relative pronoun
S.W.	South Wales
sing.	singular
v.	verb
vn.	verb-noun

WELSH-ENGLISH DICTIONARY

A

a *conj.* + *ASP.M.* and; *interrog.* + *S.M.*; rel. *pron.* + *S.M.* who, which, whom, that

â *prep.* + *ASP.M.* with; *prep.* + *ASP.M.* as

ab, ap *nm.* son of

abaty/abatai *nm.* abbey

aber/-oedd *nm.* estuary

abl *adj.* able

absennol *adj.* absent

absenoldeb *nm.* absence

abwyd/-od *nm.* bait

ac *conj.* and; **~ eithrio** *prep.* except, apart from

academaidd *adj.* academic

academi/academïau *nf.* academy

acen/-ion *nf.* accent

achlysur/-on *nm.* occasion

achos *conj.* because; *prep.* because of; /-ion *nm.* cause; **~ llys**/achosion llys *nm.* court case

achosi *v.* to cause

achub *v.* to save

achwyn *v.* to complain

act/-au *nf.* act

actio *v.* to act

actor/-ion *nm.* actor

actores/-au *nf.* actress

acw *adv.* yonder, there

adain/adenydd *nf.* wing

adar *npl.* birds

ad-daliad/-au *nm.* repayment

addas *adj.* suitable

addasu *v.* to adjust

addewid/-ion *nmf.* promise

addo *v.* to promise; **~ rhywbeth i rywun** to promise someone something

addurn/-iadau *nm.* decoration

addurno *v.* to decorate

addysgu *v.* to educate, to teach

adeg/-au *nf.* period, time

adeilad/-au *nm.* building

adeiladol *adj.* constructive

adeiladu *v.* to build

adeiladwr/adeiladwyr *nm.* builder

aderyn/adar *nm.* bird

adfail/adfeilion *nm.* ruin

adfer *v.* to restore

adio *v.* to add

adlais/adleisiau *nm.* echo

adloniant *nm.* entertainment

adnabod *v.* to know (*a person, a place*)

adnewyddu *v.* to renew

adnod/-au *nf.* verse (*Biblical*)

adnodd/-au *nm.* resource

adolygu *v.* to revise, to review

adran/-nau *nf.* department, section

adre, adref *adv.* homewards

adrodd *v.* to recite, to report

adroddiad/-au *nm.* report, recitation

aeddfed *adj.* mature, ripe

aeddfedu *v.* to mature, to ripen

ael/-iau *nf.* brow

aelod/-au *nm.* member; **~** Member; **~ Seneddol** *nm.* Member of Parliament; **Aelod Senedd Cymru** *Member of Welsh Senedd (Parliament)*

afal/-au *nm.* apple

Affrica *nf.* Africa

afon/-ydd *nf.* river

afresymol *adj.* unreasonable

agor *v.* to open

agos *adj.* near; **~ i'r dref** near the town

agwedd/-au *nmf.* attitude, aspect

ai *inter.* used before nouns, verb-nouns, pronouns and adjectives

ail *adj.* second

ail-law *adj.* secondhand
ailadrodd *v.* to repeat
alcohol *nm.* alcohol
alergedd/-au *nm.* allergy
allan *adv.* out
allanfa/allanfeydd *nf.* exit
allanol *adj.* exterior, external
allwedd/-i *nf.* key
Almaeneg *nf.* German (*Language*)
Almaenes/-au *nf.* German
Almaenwr/Almaenwyr *nm.* German
am *prep.* + *S.M.* for
am byth *adv.* forever
amau *v.* to doubt, to suspect
ambell *adj.* occasional, few
ambiwlans/-ys *nm.* ambulance
amddiffyn *v.* to defend
America *nf.* America
Americanes/-au *nf.* American
Americanwr/Americanwyr *nm.*
    American
amgáu *v.* to enclose
amgueddfa/amgueddfeydd *nf.* museum;
    ~ **Genedlaethol Cymru** Welsh National Museum;
    ~ **Werin Cymru** National Museum of Welsh Life
amgylchedd/-au *nm.* environment
amheuaeth/-au *nf.* doubt
amhosibl *adj.* impossible
aml *adv.* often
amlen/-ni *nf.* envelope
amlwg *adj.* obvious, clear, evident
amrwd *adj.* raw, rough
amryw *adj.* several, various
amrywiaeth/-au/-oedd *nm.* variety
amrywiol *adj.* various
amser/-au *nm.* time; ~ **llawn** *nm.* full time
amserlen/-ni *nf.* timetable
anabl *adj.* disabled
anaddas *adj.* unsuitable
anadl/-au *nmf.* breath
anadlu *v.* to breathe
anaf/-iadau *nm.* injury
anafu *v.* to injure

analluog *adj.* unable
anarferol *adj.* unusual
anferth *adj.* huge
anfon *v.* to send; ~ **ymlaen** *v.* to forward, to send on
angel/angylion *nm.* angel
angen/anghenion *nm.* need; ~ **rhywbeth ar rywun**
    someone needs something
angenrheidiol *adj.* essential, necessary
anghenfil/angenfilod *nm.* monster
anghofio *v.* to forget
anghredadwy *adj.* unbelievable
anghwrtais *adj.* discourteous
anghysurus *adj.* uncomfortable
anghywir *adj.* wrong, incorrect
angladd/-au *nmf.* funeral
angor/-au,-ion *nmf.* anchor
anhapus *adj.* unhappy
anhysbys *adj.* unknown
anifail/anifeiliaid *nm.* animal; ~ **anwes** *nm.* pet
annhebyg *adj.* unlike
annibynnol *adj.* independent
Annibynwyr *npl.* Independents (religious
    denomination)
anniogel *adj.* unsafe
annog *v.* to urge
annwyl *adj.* dear
anodd *adj.* difficult, hard
anrheg/-ion *nf.* present, gift
anrhydedd/-au *nm.* honour
ansawdd/ansoddau *nmf.* quality, condition, texture
ansoddair/ansoddeiriau *nm.* adjective
antur/-iau *nmf.* venture
anwastad *adj.* uneven
anwesu *v.* to caress
apwyntiad/-au *nm.* appointment
ar *prep.* + *S.M.* on
ar ~ agor open; ~ **ben** finished, over; ~ **draws** across;
    ~ **frys** in haste; ~ **gael** available; ~ **ganol** in the
    middle of; ~ **gau** closed; ~ **gof** in memory; ~ **goll**
    lost; ~ **hap** accidentally; **ar hyd** *prep.* along; ~ **ôl**
    prep. after; *adv.* left over; ~ **unwaith** at once;
    ~ **wahân** separate, apart; ~ **werth** for sale
Arab/-iaid *nm.* Arab

araf *adj.* slow
araith/areithiau *nf.* speech
arall *adj.* other
arbennig *adj.* special
arch/eirch *nf.* coffin
archfarchnad/-oedd *nf.* supermarket
archwilio *v.* to inspect
ardal/-oedd *nf.* area, region
arddangos *v.* to display
arddangosfa/arddangosfeydd *nf.* exhibition
ardderchog *adj.* excellent
arddodiad/arddodiaid *nm.* preposition
arddwrn/arddyrnau *nm.* wrist
aren/-nau *nf.* kidney
arfer/-ion *nm.* practice, habit
arferol *adj.* usual
arfordir/-oedd *nm.* coast
argyhoeddi *v.* to convince
argymell *v.* to recommend
arholi *v.* to examine
arholiad/-au *nm.* examination
arian *npl.* money, *nm.* silver; *adj.* silver; ~ **mân** *npl.*
    small change; ~ **parod** *npl.* cash
ariannol *adj.* financial
ariannwr/arianwyr *nm.* cashier
arlywydd/-ion *nm.* president
arnofio *v.* to float
arogl/-euon *nm.* smell, scent
arogli *v.* to smell
arolygu *v.* to survey, to supervise
arolygydd/arolygwyr *nm.* inspector, superintendent
aros *v.* to wait, to stay
artiffisial *adj.* artificial
artist/-iaid *nm.* artist
arwain *v.* to lead
arweiniad *nm.* lead
arweinydd/-ion *nm.* leader, conductor
arwydd/-ion *nmf.* sign
arwyddo *v.* to sign
as *nf.* ace
asen/-nau *nf.* rib
asgwrn/esgyrn *nm.* bone
asgwrn cefn *nm.* backbone

Asia *nf.* Asia
Asiad/Asiaid *nm.* Asian
asiantaeth/-au *nf.* agency
astudiaeth/-au *nf.* study
astudio *v.* to study
at *prep.* + *S.M.* at, towards, to, as far as
ateb/-ion *nm.* answer; *v.* to answer
atgoffa *v.* to remind
athletau *npl.* athletics
athletig *adj.* athletic
athletwr/athletwyr *nm.* athlete
athrawes/-au *nf.* teacher
athro/athrawon *nm.* teacher
aur *nm.* gold; *adj.* gold
awdur/-on *nm.* author
awdurdod/-au *nm.* authority
awel/-on *nf.* breeze
Awst *nm.* August
awtomatig *adj.* automatic
awyr *nf.* sky; ~ **agored** *nf.* open air; ~ **iach** *nf.* fresh air
awyren/-nau *nf.* aeroplane

B

baban/-od *nm.* baby
bach *adj.* small
bachgen/bechgyn *nm.* boy
bachu *v.* to hook
bachyn/bachau *nm.* hook
baco *nm.* tobacco
bacteria *nm.* bacteria
bad/-au *nm.* boat
bad achub *nm.* lifeboat
bae/-au *nm.* bay
bag/-iau *nm.* bag
bai/beiau *nm.* fault
balans/-au *nm.* balance
balch *adj.* proud, glad
bale *nm.* ballet
banc/-iau *nm.* bank
bancio *v.* to bank
banciwr/bancwyr *nm.* banker
band/-iau *nm.* band

band rwber *nm.* rubber band
baner/-i *nf.* flag
bannod *nf.* article (*grammar*)
bar/iau/rau *nm.* bar
bara *nm.* bread
barbwr/barbwyr *nm.* barber
barddoniaeth *nf.* poetry
bargen/bargeinion *nf.* bargain
bargyfreithiwr/bargyfreithwyr *nm.* barrister
barn/-au *nf.* opinion, judgement
barnu *v.* to judge
barnwr/barnwyr *nm.* judge
bas *adj.* shallow
basged/-i *nf.* basket
basn/-au *nm.* basin
bath/iau *nm.* bath
batri/-s *nm.* battery
baw *nm.* dirt
bawd/bodiau *nmf.* thumb
bedd/-au *nm.* grave
bedydd *nm.* baptism
bedyddio *v.* to baptize
Bedyddiwr/Bedyddwyr *nm.* Baptist
Beibl/-au *nm.* Bible
beic/-iau *nm.* bicycle
beic modur *nm.* motor bike
beichiog *adj.* pregnant
beirniadaeth/-au *nf.* adjudication, criticism
beirniadu *v.* to criticize
beiro/-s *nmf.* ballpoint pen
ben i waered *adv.* upside down
bendithio *v.* to bless
benthyca *v.* to borrow, to lend
benthyciad/-au *nm.* loan
benthyg *v.* to borrow, to lend
benyw/-od *nf.* woman
benywaidd *adj.* feminine
berf/-au *nf.* verb
berwi *v.* to boil
beth *interrog.* what
betio *v.* to bet
bil/-iau *nm.* bill
biliwn/biliynau *nmf.* billion

bin sbwriel *nm.* trash can
blaen/-au *nm.* front
blanced/-i *nmf.* blanket
blas/-au *nm.* taste
blasu *v.* to taste
blasus *adj.* tasty
blawd *nm.* flour
blew'r llygad *npl.* eyelashes
blewyn/blew *nm.* body hair
blin *adj.* sorry, tiresome, angry; **mae'n flin gen i** I'm sorry
blino *v.* to tire
bloc/-iau *nm.* block
blodyn/-au *nm.* flower
blodyn haul *nm.* sunflower
bloedd/-iadau *nf.* shout, cry
bloeddio *v.* to shout
blows/-ys *nf.* blouse
blwch/blychau *nm.* box; **~ llwch** *nm.* ashtray; **~ postio** *nm.* post box
blwyddyn/blynyddoedd *nf.* year; **~ naid** *nf.* leap year; **~ Newydd Dda!** Happy New Year!
blynyddol *adj.* annual
bob *adj.* see pob; **~ amser** always; **~ dydd** every day
boch/-au *nf.* cheek
bod *v.* to be; *rel. pron.* that
bodlon *adj.* contented, satisfied
bodloni *v.* to satisfy
bodoli *v.* to exist
bol/-iau *nm.* stomach, belly
bola/boliau *nm.* belly
bollt/byllt *nf.* bolt
bom/-iau *nm.* bomb
bonedd *nm.* aristocracy
bore/-au *nm.* morning; **~ da** good morning; **~ 'ma** this morning
bòs/bosys *nm.* boss
botwm/botymau *nm.* button; **~ bol** *nm.* belly button
braf *adj.* fine
braich/breichiau *nf.* arm
braster/-au *nm.* fat
brawd/brodyr *nm.* brother
brawd yng nghyfraith *nm.* brother-in-law

brawddeg/-au *nf.* sentence
brecwast/-au *nm.* breakfast
bregus *adj.* frail
breichled/-au *nf.* bracelet
brenhines/breninesau *nf.* queen
brenhinol *adj.* royal
brenin/brenhinoedd *nm.* king
brest *nf.* breast, chest
brifo *v.* to hurt
brig/-au *nm.* top, summit
briwsion *npl.* crumbs
bro/bröydd *nf.* area, region
brodor/-ion *nm.* inhabitant, native
brodorol *adj.* native
broga/-od *nm.* frog, toad
bron/-nau *nf.* breast; *adv.* almost
brown *adj.* brown
brwd *adj.* enthusiastic
brwdfrydedd *nm.* enthusiasm
brwsh/-ys *nm.* brush; ~ **dannedd**
  tooth brush
brwsio *v.* to brush
bryn/-iau *nm.* hill
brys *nm.* haste
brysio *v.* to hurry
buan *adj.* soon
buarth/-au *nm.* yard
budd/-ion *nm.* benefit
bugail/bugeiliaid *nm.* shepherd
busnes/-au *nm.* business
busneslyd *adj.* nosy, meddlesome
buwch/buchod *nf.* cow
bwa/bwâu *nm.* bow
bwced/-i *nmf.* bucket
bwlch/bylchau *nm.* gap, pass (*mountain*)
bwled/-i *nf.* bullet
bwrdd/byrddau *nm.* table; ~ **smwddio** *nm.* ironing
  table;
bwrw *v.* to hit; ~ **cesair** *v.* to hail; ~ **eira** *v.* to snow;
  ~ **glaw** *v.* to rain
bws/bysus *nm.* bus
bwyd/-ydd *nm.* food
bwydlen/-ni *nf.* menu

bwydo *v.* to feed
bwytadwy *adj.* edible
bwyty/bwytai *nm.* restaurant
byd/-oedd *nm.* world
byddar *adj.* deaf
byddin/-oedd *nf.* army
byd-eang *adj.* world-wide
bydysawd *nm.* universe
bygwth *v. to threaten*
bygythiad/-au *nm.* threat
bylb/-iau *nm.* bulb
byr *adj.* short
byrbryd/-au *nm.* snack
bys/-edd *nm.* finger
bys bawd *nm.* thumb
bys troed *nm.* toe
byth *adv.* ever, never
bythgofiadwy *adj.* unforgettable
byw *v.* to live; *adj.* alive
bywyd/-au *nm.* life

C

cabol *nm.* polish
caboli *v.* to polish
cacynen/cacwn *nf.* wasp
cachu *v.* to shit, *n.* shit
cadair/cadeiriau *nf.* chair
cadair freichiau *nf.* armchair
cadarn *adj.* strong, steady
cadarnhaol *adj.* positive
cadarnhau *v.* to confirm
cadw *v.* to keep; ~ **lle** *v.* to keep a place; ~ **sŵn** *v.* to
  make a noise
cadwyn/-au *nf.* chain
cae/-au *nm.* field
cael *v.* to have, to obtain, to get; ~ **gafael ar** *v.* to get
  hold of
caffi/-s *nm.* café
cais/ceisiadau *nm.* application
cais/ceisiau *nm.* try (*rugby*)
Calan *nm.* New Year's day
Calan Gaeaf *nm.* Halloween

Calan Mai *nm.* May day
caled *adj.* hard, difficult
calendr/-au *nm.* calendar
calon/-nau *nf.* heart
cam/-au *nm.* step, wrong
camddeall *v.* to misunderstand
cam-drin *v.* to abuse, to misuse
camera/camerâu *nm.* camera
camera digidol *nm.* digital camera
camera fideo *nm.* video camera
camsyniad/-au *nm.* mistake
camu *v.* to step
cân/caneuon *nf.* song
Canada *nf.* Canada
canfod *v.* to find, to discover
caniatáu *v.* to allow
canlyniad/-au *nm.* result
cannwyll/canhwyllau *nf.* candle
canol/-au *nm.* middle
canol dydd *nm.* midday
canol nos *nm.* midnight
canol y dref *nm.* town centre
canolfan groeso *nf.* tourist information centre
canolog *adj.* central
canrif/-oedd *nf.* century
canser/-au *nm.* cancer
cant/cannoedd *nm.* hundred
canu *v.* to sing
canŵ/-au *nm.* canoe
canwr/cantorion *nm.* singer
cap/-iau *nm.* cap
capel/-i *nm.* chapel
capten/capteiniaid *nm.* captain
car/ceir *nm.* car
carchar/-au *nm.* prison
carco *v.* to baby-sit
cardotyn/cardotwyr *nm.* beggar
caredig *adj.* kind
caredigrwydd *nm.* kindness
cariad/-on *nm.* lover, love
cario *v.* to carry
carped/-i *nm.* carpet
carreg/cerrig *nf.* stone; **~ fedd** *nf.* grave stone;

~ filltir *nf.* milestone
carthen/-ni *nf.* quilt
cartref/-i *nm.* home
caru *v.* to love
cas *adj.* nasty
casáu *v.* to hate
casgliad/-au *nm.* collection
casglu *v.* to collect
casineb *nm.* hate
castell/cestyll *nm.* castle
catalog/-au *nm.* catalogue
cath/-od *nf.* cat
Catholig *adj.* Catholic
cau *v.* to close
cawl/-iau *nm.* soup
cawod/-ydd *nf.* shower
caws *nm.* cheese
ceffyl/-au *nm.* horse
cefn/-au *nm.* back
cefnder/cefndyr *nm.* cousin
cefnfor/-oedd *nm.* ocean
cegin/-au *nf.* kitchen
ceisio *v.* to try, to attempt
celfyddyd *nf.* art
cell/-oedd *nf.* cell
Celt/-iaid *nm.* Celt
celwydd/-au *nm.* lie, untruth
celwyddgi/celwyddgwn *nm.* liar
cemegol *adj.* chemical
cenedl/cenhedloedd *nf.* nation
cenedlaethol *adj.* national
cenhinen/cennin *nf.* leek
cennin Pedr *npl.* daffodils
centimetr/-au *nm.* centimeter
cerdd/-i *nf.* poem, song
cerddor/-ion *nm.* musician
cerddorfa/cerddorfeydd *nf.* orchestra
cerddoriaeth *nf.* music
cerddwr/cerddwyr *nm.* walker
cerdyn/cardiau *nm.* card **~ credyd** credit card;
    ~ debyd debit card
cerdyn post *nm.* postcard
cerflun/-iau *nm.* statue

cês/cesys *nm.* case
cesail/ceseiliau *nf.* armpit
cesair *nm.* hail
cig/-oedd *nm.* meat
cigydd/-ion *nm.* butcher
cildwrn/cildyrnau *nm.* tip (*money*)
cilo/-s *nm.* kilo
cilometr/-au *nm.* kilometer
cinio/ciniawau *nmf.* dinner, lunch
cist/-iau *nf.* safe, box
cist car *nf.* car boot
claddu *v.* to bury
claear *adj.* lukewarm
clais/cleisiau *nf.* bruise
clasurol *adj.* classical
clefyd/-au *nm.* disease, illness
cleient/-iaid *nm.* client
clinig/-au *nm.* clinic
clir *adj.* clear
clo/-eon *nm.* lock
cloc/-iau *nm.* clock; **~ larwm** alarm clock
cloch/clychau *nf.* bell
cloff *adj.* lame
cloffi *v.* to limp
clogwyn/-i *nm.* cliff
cloi *v.* to lock
clorian/-nau *nf.* scales (*for weighing*)
clun/-iau *nf.* hip
clustog/-au *nf.* cushion, pillow
clwb/clybiau *nm.* club
clwyd/-i *nf.* gate
clyfar *adj.* clever, smart
clymu *v.* to tie
clyw *nm.* hearing
clywed *v.* to hear
cneuen/cnau *nf.* nut
cnoc/-iau *nmf.* knock
cnocio *v.* to knock
cnoi *v.* to bite
coch *adj.* red
cod/-au *nm.* code; **~ post** post code
codi *v.* to pick up, to rise, to get up; **~ arian** to raise money

codiad/-au *nm.* rise, erection; **~ cyflog** pay rise; **~ haul** sunrise
coeden/coed *nf.* tree
coes/-au *nf.* leg
cof/-ion *nm.* memory; **~ion gorau** best wishes
coffi *nm.* coffee
cofiadwy *adj.* memorable
cofio *v.* to remember; **cofiwch fi at Huw** give Huw my regards
cofnod/-ion *nm.* minute, record
cofnodi *v.* to record
cofrestr/-i/-au *nf.* register
cofrestru *v.* to register
coginio *v.* to cook
cogydd/-ion *nm.* cook
cogyddes/-au *nf.* cook
coleg/-au *nm.* college; **~ addysg bellach** college of further education
colled/-ion *nf.* loss
colli *v.* to lose
colofn/-au *nf.* column
colur/-on *nm.* make-up
concrit *nm.* concrete
condemnio *v.* to condemn
condom/-au *nm.* condom
copa/-on *nf.* summit
copi/copïau *nm.* copy
copïo *v.* to copy
corff/cyrff *nm.* body
corfforol *adj.* physical
corn/cyrn *nm.* horn
cornel/-i *nmf.* corner
cors/-ydd *nf.* bog, fen
cortyn/-nau *nm.* string
cosb/-au *nf.* punishment
cosbi *v.* to punish
cot/-iau *nf.* coat; **~ fawr** overcoat
cotwm *nm.* cotton
crac/-iau *nm.* crack; *adj.* angry
cracio *v.* to crack
crafu *v.* to scratch
cragen/cregyn *nf.* shell
crai *adj.* raw

craig/creigiau *nf.* rock
craith/creithiau *nf.* scar
crebachu *v.* to shrink
cred/-au *nf.* belief
credu *v.* to believe
crefft/-au *nf.* craft
crefftwr/crefftwyr *nm.* craftsman
crefydd/-au *nf.* religion
crefyddol *adj.* religious
creu *v.* to create
crib/-au *nf.* comb, ridge
cribo *v.* to comb
criced *nm.* cricket
crio *v.* to cry
Cristion/-ogion, Cristnogion *nm.* Christian
Cristnogol *adj.* Christian
criw/-iau *nm.* crew
crochenwaith *nm.* pottery
croen/crwyn *nm.* skin
croes/-au *nf.* cross; *adj.* cross
croesair/croeseiriau *nm.* crossword
croesawu *v.* to welcome
croesi *v.* to cross
croeso *nm.* welcome
crogi *v.* to hang
cromlech/-i *nf.* cromlech, dolmen
cropian *v.* to crawl
crwn *adj.* round
crwt/cryts *nm.* boy, lad
cryf *adj.* strong
crys/-au *nm.* shirt
cuddio *v.* to hide
cul *adj.* narrow
cur calon *nm.* heart attack
cur pen *nm.* headache *(N.W.)*
curiad calon *nm.* heartbeat
curo *v.* to beat
cusan/-au *nf.* kiss
cusanu *v.* to kiss
cwch/cychod *nm.* boat; ~ **hwylio** sailboat
cweryla *v.* to quarrel
cwestiwn/cwestiynau *nm.* question
cwlwm/clymau *nm.* knot

cwm/cymoedd *nm.* valley
cwmni/cwmnïau *nm.* company; ~ **awyrennau** airline
cwmwl/cymylau *nm.* cloud
cwningen/cwningod *nf.* rabbit
cwpan/-au *nmf.* cup
cwpwrdd/cypyrddau *nm.* cupboard; ~ **llyfrau** bookcase
cwrdd/cyrddau *nm.* meeting; *v.* to meet; **rwy'n falch i gwrdd â chi** I'm pleased to meet you
cwrs/cyrsiau *nm.* course
cwrtais *adj.* courteous
cwrw *nm.* beer
cwsg *nm.* sleep
cwsmer/-iaid *nm.* customer
cwt/cytau *nmf.* queue
cwyn/-ion *nmf.* complaint
cwyno *v.* to complain
cybydd/-ion *nm.* miser
cybyddlyd *adj.* miserly
cychwyn *v.* to start
cydnabod *v.* to acknowledge
cydraddoldeb *nm.* equality
cydymdeimlad *nm.* sympathy
cyfaddef *v.* to admit
cyfaill/cyfeillion *nm.* friend
cyfan *adj.* whole
cyfandir/-oedd *nm.* continent
cyfansoddi *v.* to compose
cyfansoddwr/cyfansoddwyr *nm.* composer
cyfanswm/cyfansymiau *nm.* total
cyfarch *v.* to greet
cyfarfod/-ydd *nm.* meeting; *v.* to meet
cyfartal *adj.* equal
cyfathrebu *v.* to communicate
cyfeillgar *adj.* friendly
cyfeiriad/-au *nm.* address, direction
cyfeirio *v.* to direct
cyfenw/-au *nm.* surname
cyffredin *adj.* common
cyffredinol *adj.* general
cyffro/-adau *nm.* excitement
cyffroi *v.* to excite
cyffrous *adj.* exciting

cyffur/-iau *nm.* drug
cyffwrdd *v.* to touch
cyfiawnder *nm.* justice
cyfieithu *v.* to translate
cyfieithydd/cyfieithwyr *nm.* translator
cyflawn *adj.* complete
cyflawni *v.* to accomplish
cyfleus *adj.* convenient
cyflog/-au *nmf.* pay, salary
cyflwr/cyflyrau *nm.* condition
cyflwyno *v.* to present, to introduce
cyflym *adj.* fast, quick
cyflymder/-au *nm.* speed
cyflymu *v.* to accelerate
cyfnewid *v.* to exchange
cyfnither/-od *nf.* cousin
cyfnod/-au *nm.* period, era
cyfoes *adj.* contemporary
cyfoeth *nm.* wealth
cyfoethog *adj.* rich
cyfog *nm.* vomit
cyfoglyd *adj.* sickening
cyfradd/-au *nf.* rate; ~ **gyfnewid** exchange rate
cyfraith/cyfreithiau *nf.* law
cyfredol *adj.* current
cyfreithiwr/cyfreithwyr *nm.* solicitor
cyfres/-i *nf.* series
cyfrif/-on *nm.* account; *v.* to count
cyfrifiadur/-on *nm.* computer
cyfrifiannell/-au *nf.* calculator
cyfrifo *v.* to count
cyfrifol *adj.* responsible
cyfrifoldeb/-au *nm.* responsibility
cyfrifydd/-ion *nm.* accountant
cyfrinach/-au *nf.* secret
cyfrinachol *adj.* secret
cyfun *adj.* comprehensive
cyfuniad/-au *nm.* combination
cyf-weld *v.* to interview
cyfweliad/-au *nm.* interview
cyhoeddi *v.* to publish
cyhoeddiad/-au *nm.* publication
cyhoeddus *adj.* public

cyhoeddwr/cyhoeddwyr *nm.* publisher
cyhuddo *v.* to accuse
cyhyr/-au *nm.* muscle
cyhyrog *adj.* muscular
cylch/-oedd *nm.* circle; ~ **chwarae** playgroup
cylchfan/-nau *nf.* roundabout
cylchgrawn/cylchgronau *nm.* magazine
cyllell/cyllyll *nf.* knife; ~ **boced** pocketknife; ~ **fara** bread knife
cyllideb/-au *nf.* budget
cymdeithas/-au *nf.* society; ~ **yr iaith** Welsh Language Society
cymedrol *adj.* moderate
cymeradwyo *v.* to approve
cymeriad/-au *nm.* character
cymhariaeth/cymariaethau *nf.* comparison
cymharu *v.* to compare
cymorth/cymhorthion *nm.* aid, help
cymryd *v.* to take
cymydog/cymdogion *nm.* neighbour
cymysg *adj.* mixed
cymysgu *v.* to mix
cyn *prep.* before
cynefin/-oedd *nm.* habitat
cynefino *v.* to familiarize
cyngerdd/cyngherddau *nmf.* concert
cyngor/cynghorion *nm.* advice
cyngor/cynghorau *nm.* council
cynhadledd/cynadleddau *nf.* conference; ~ **fideo** video conference
cynhaeaf/cynaeafau *nm.* harvest
cynhyrchu *v.* to produce
cynllun/-iau *nm.* plan
cynnes *adj.* warm
cynnig/cynigion *nm.* offer; *v.* to offer
cynnwys *nm.* contents; *v.* to contain
cynnydd *nm.* increase
cynnyrch/cynhyrchion *nm.* produce
cynorthwyo *v.* to aid, to help
cynorthwy-ydd/cynorthwy-yddion *nm.* helper
cynrychioli *v.* to represent
cynrychiolydd/cynrychiolwyr *nm.* delegate, representative

cynta *adj.* first
cyntedd/-au *nm.* hallway
cyntun *nm.* nap
cynyddu *v.* to increase
cyrliog *adj.* curly
cyrraedd *v.* to arrive
cysgod/-ion *nm.* shadow, shelter
cysgodi *v.* to shelter
cysgu *v.* to sleep
cyson *adj.* regular
cystadleuaeth/cystadlaethau *nf.* competition
cystadlu *v.* to compete
cysuro *v.* to comfort
cysurus *adj.* comfortable
cyswllt/cysylltau *nm.* connection
cysylltiad/-au *nm.* connection
cysylltu *v.* to connect
cytsain/cytseiniaid *nf.* consonant
cytundeb/-au *nm.* agreement
cytuno *v.* to agree
cyw/-ion *nm.* chicken; **~ iâr** chicken
cywilydd *nm.* shame
cywilyddus *adj.* shameful, disgraceful
cywir *adj.* correct
cywiro *v.* to correct

CH

chi *pron.* you
chwaer/chwiorydd *nf.* sister
chwaer yng nghyfraith *nf.* sister-in-law
chwaethus *adj.* tasteful
chwalu *v.* to demolish, to shatter
chwant bwyd appetite; **mae ~ arna i** I'm hungry
chwarae *v.* to play; **~ teg** fair play
chwaraeon *npl.* games, sport
chwaraewr/chwaraewyr *nm.* player; **~ CD** CD player
chwarter/-i *nm.* quarter
chwe *num.* six (*used in front of nouns*)
chwech *num.* six
chwedl/-au *nf.* tale, legend
Chwefror *nm.* February
chwerthin *v.* to laugh

chwerw *adj.* bitter
chwilio *v.* to search, to look for; **~ am** to look for
chwistrell/-au *nf.* syringe, spray; **~ gwallt** *nf.* hair spray
chwistrellu *v.* to spray, to inject
chwith *adj.* left
chwyddo *v.* to swell
chwyddwydr/-au *nm.* magnifying glass
chwydu *v.* to vomit
chwyrnu *v.* to snore

D

da *adj.* good
dad *nm.* dad
dadl/-euon *nf.* debate
dadwisgo *v.* to undress
daear/-au *nf.* earth
daearyddiaeth *nf.* geography
dal *v.* to catch, to continue; **dal i weithio** to continue working
dalen/-nau *nf.* page
dall *adj.* blind
dallineb *nm.* blindness
damwain/damweiniau *nf.* accident; **ar ddamwain** accidentally
dan *prep.* + *S.M.* under; **~ do** indoors
danfon *v.* to send, to deliver
dangos *v.* to show
dannodd *nf.* toothache
dant/dannedd *nm.* tooth
darlith/-iau/-oedd *nf.* lecture
darlithio *v.* to lecture
darlithydd/darlithwyr *nm.* lecturer
darllen *v.* to read
darllenydd/darllenwyr *nm.* reader
darlun/-iau *nm.* picture
darlunio *v.* to illustrate
darn/-au *nm.* piece; **~ arian** coin; **~ sbâr** spare part
darpariaeth/-au *nf.* provision
darparu *v.* to provide
datgan *v.* to declare
datganiad/-au *nm.* declaration

dathlu *v.* to celebrate
datod *v.* to untie
dau *num. m. + S.M.* two; **~ ddeg** twenty
dawnsio *v.* to dance
de *nm.* south; *adj.* right
deall *v.* to understand
deallus *adj.* intelligent, smart
dechrau *v.* to start
dechreuad/-au *nm.* start, beginning
dechreuwr/dechreuwyr *nm.* learner
deffro *v.* to waken, to awake
defnydd/-iau *nm.* use, material
defnyddio *v.* to use
defnyddiol *adj.* useful
deg *num.* ten
degawd/-au *nm.* decade
dehongli *v.* to interpret
deilen/dail *nf.* leaf
delfryd/-au *nf.* ideal
delfrydol *adj.* ideal
delio *v.* to deal
delwedd/-au *nf.* image
deniadol *adj.* attractive
denu *v.* to attract
derbyn *v.* to accept
derbyniad/-au *nm.* reception
derbynneb/derbynebau *nf.* receipt
dethol *v.* to select; *adj.* select
detholiad/-au *nm.* selection
deuddeg *num.* twelve
deunaw *num.* eighteen
deunydd/-iau *nm.* material
dewin/-iaid *nm.* magician
dewis/-iadau *nm.* choice; *v.* to choose
dianc *v.* to escape
diangen *adj.* unnecessary
dibynadwy *adj.* dependable
dibynnu *v.* to depend
dicter *nm.* rage, anger
diddanu *v.* to entertain
diddiwedd *adj.* endless
diddordeb/-au *nm.* interest
diddorol *adj.* interesting

diderfyn *adj.* endless
difetha *v.* to destroy
diffodd *v.* to extinguish
diffoddwr/diffoddwyr *nm.* extinguisher
diffyg/-ion *nm.* lack, defect, fault; **~ cwsg** lack of sleep; **~ traul** indigestion
difrifol *adj.* serious
dig *adj.* angry
digon *nm.* enough; **~ o fwyd** enough food
digwydd *v.* to happen
digwyddiad/-au *nm.* happening, event
dihareb/diarhebion *nf.* proverb
di-hid *adj.* indifferent
dileu *v.* to delete
dilledyn/dillad *nm.* garment
dillad *npl.* clothes; **~ gwely** bedclothes; **~ isaf** underwear
dilyn *v.* to follow
dilys *adj.* genuine
dim *nm.* nothing; **~ byd** nothing; **~ ond** only
dinas/-oedd *nf.* city
dinesydd/dinasyddion *nm.* citizen
diniwed *adj.* innocent
diod/-ydd *nf.* drink
dioddef *v.* to suffer
diog *adj.* lazy
diogel *adj.* safe
diogelwch *nm.* safety
diogyn *nm.* lazybones
diolch/-iadau *nm.* thanks; **~ yn fawr** thank you very much
diolchgar *adj.* thankful
diosg *v.* to undress, to take off
dirwy/-on *nf.* fine (*punishment*)
di-rym *adj.* powerless
disglair *adj.* bright
disgleirio *v.* to shine
disgownt/-iau *nm.* discount
disgwyl *v.* to expect
disodli *v.* to replace
distrywio *v.* to destroy
diwedd/-au *nm.* end
diweddar *adj.* recent

diwetha *adj.* last
diwrnod/-au *nm.* day
diwydiannol *adj.* industrial
diwydiant/diwydiannau *nm.* industry
diwylliannol *adj.* cultural
diwylliant/diwylliannau *nm.* culture
do *adv.* yes (*past tense*)
dod *v.* to come; ~ **â** to bring; ~ **yn** to become
dodwy *v.* to lay (*egg*)
dolur/-iau *nm.* pain
doniol *adj.* funny
dosbarth/-iadau *nm.* class; ~ **meithrin** kindergarten
drama/dramâu *nf.* drama
drewi *v.* to stink
dringo *v.* to climb
dros *prep.* + *S.M.* over; ~ **dro** temporary
drud *adj.* expensive
drwg *adj.* bad, naughty
drych/-au *nm.* mirror
dryll/-au *nm.* gun
du *adj.* black
dull/-iau *nm.* method
dur *nm.* steel
duw/-iau *nm.* god
dweud *v.* to say; ~ **wrth** + *S.M.* to tell (*someone*)
dwfn *adj.* deep
dŵr *nm.* water; ~ **tap** tap water
dwrn/dyrnau *nm.* fist
dwy *num. f.* + *S.M.* two
dwyieithog *adj.* bilingual
dwyn *v.* to steal
dwyrain *nm.* east
dy *pron.* + *S.M.* your
dychmygu *v.* to imagine
dychwelyd *v.* to return
dychymyg/dychmygion *nm.* imagination
dydd/-iau *nm.* day; ~ **Calan** New Year's Day; ~ **Llun** Monday; ~ **gwaith** weekday
dyddiad/-au *nm.* date
dyddiol *adj.* daily
dyfais/dyfeisiau *nf.* device
dyfalu *v.* to guess

dyfarnwr/dyfarnwyr *nm.* referee
dyfeisio *v.* to devise
dyfodol *nm.* future
dyffryn/-noedd *nm.* vale
dyfnder/-au *nm.* depth
dyfodol *nm.* future
dyled/-ion *nf.* debt
dylwn i *v.* I should
dymuno *v.* to wish
dyn/-ion *nm.* man; ~ **tân** fireman
dynesu *v.* to approach
dynol *adj.* human
dysgu *v.* to learn, to teach
dyweddïad/-au *nm.* engagement
dyweddïo *v.* to become engaged

DD

dde *adj.* right
ddoe *adv.* yesterday

E

eang *adj.* broad
eangfrydig *adj.* broadminded
ebol/-ion *nm.* foal
e-bost *nm.* email
Ebrill *nm.* April
echdoe *adv.* day before yesterday
echnos *adv.* night before last
edifarhau *v.* to regret
edmygu *v.* to admire
edrych *v.* to look; ~ **ar ôl** to look after
ef *pron.* he
efallai *adv.* perhaps
effeithio *v.* to affect
eglwys/-i *nf.* church; ~ **gadeiriol** cathedral; **yr ~ yng Nghymru** the Church in Wales
egni/egnïon *nm.* energy
egnïol *adj.* energetic
egsôst *nm.* exhaust
egwyddor/-ion *nf.* principle
ei *pron.* his + *S.M.*, her + *ASP.M.*

eich *pron.* your
Eidaleg *nf.* Italian (*language*)
Eidales/-au *nf.* Italian
Eidalwr/Eidalwyr *nm.* Italian
eiddigedd *nm.* jealousy
eiddigeddus *adj.* jealous
eiddo *nm.* property
eillio *v.* to shave
eilliwr/eillwyr *nm.* razor
ein *pron.* our
eira *nm.* snow; **bwrw ~** to snow
eisiau *nm.* want; **mae ~ te arna i** I want tea
eisoes *adv.* already
eistedd *v.* to sit
eisteddfod/-au *nf.* Welsh cultural competitive festival; **~ Genedlaethol Cymru** Welsh National Eisteddfod
eitem/-au *nf.* item
eithaf/-ion *nm.* extremity; *adv.* quite
eithafol *adj.* extreme
eithriad/-au *nm.* exception
elw *nm.* profit
enaid/eneidiau *nm.* soul
enfawr *adj.* huge
enfys/-au *nf.* rainbow
enghraifft/enghreifftiau *nf.* example
ennill *v.* to win
enw/-au *nm.* name; **~ da** reputation; **~ blaen** first name
enwog *adj.* famous
enwogrwydd *nm.* fame
er *prep.* although
eraill *adj.* other; *npl.* others
erchyll *adj.* horrible
ergyd/-ion *nf.* shot
erioed *adv.* ever
ers *prep.* since
erthygl/-au *nf.* magazine article
erthyliad/-au *nm.* abortion
esboniad/-au *nm.* explanation
esbonio *v.* to explain
esgid/-iau *nf.* shoe; **esgidiau glaw** wellingtons; **esgidiau sglefrio** skates

esgus/-odion *nm.* excuse
esgusodi *v.* to excuse
esgyn *v.* to rise, to ascend
esiampl/-au *nf.* example
estron *adj.* foreign
eto *adv.* yet, again
eu *pron.* their
euog *adj.* guilty
euogrwydd *nm.* guilt
ewro/-s *nm.* euro
Ewrop *nf.* Europe
Ewropead/Ewropeaid *nm.* European
Ewropeaidd *adj.* European
ewythr/-edd *nm.* uncle

F

fan/-iau *nf.* van
fan yma *adv.* here
fanila *nm.* vanilla
fe *pron.* he
fel *conj.* like; **~ arfer** usually, as usual
felly *adv.* so
fi *pron.* me
fin nos *adv.* at nightfall
fisa/-s *nm.* visa
fitamin/-au *nm.* vitamin
fod *v.* to be; *rel. pron.* that
foltedd/-au *nm.* voltage
fy *pron.* + *N.M.* my

FF

ffa *npl.* beans; **~ dringo** runner beans
ffafr/-au *nf.* favour
ffefryn/-nau *nm.* favourite
ffeil/-iau *nf.* file
ffeindio *v.* to find
ffenest/-ri *nf.* window
ffenestr/-i *nf.* window
ffens/-ys *nf.* fence
fferi/s *nf.* ferry
fferyllydd/fferyllwyr *nm.* pharmacist

ffi/oedd *nf.* fee
ffibr/-au *nm.* fiber
ffilm/-iau *nf.* film
ffin/-iau *nf.* border, frontier
ffit *adj.* fit
ffitio *v.* to fit
ffiws/-ys *nm.* fuse
fflach/-iadau *nf.* flash
fflam/-au *nf.* flame
fflat/-iau *nf.* flat; *adj.* flat
ffliw *nm.* flu
ffôl *adj.* foolish
ffon/ffyn *nf.* stick
ffôn/ffonau *nm.* telephone; **~ bach** mobile phone;
    ffôn lôn mobile phone
ffonio *v.* to telephone
fforc/ffyrc *nf.* fork
ffordd/ffyrdd *nf.* way, road
fforddio *v.* to afford
fforest/-ydd *nf.* forest
ffotograff/-au *nm.* photograph
Ffrainc *nf.* France
ffrâm/fframiau *nf.* frame
Ffrances/-au *nf.* Frenchwoman
Ffrancwr/Ffrancwyr *nm.* Frenchman
Ffrangeg *nf.* French (*language*)
ffresh *adj.* fresh
ffrind/-iau *nm.* friend
ffrio *v.* to fry
ffrwd/ffrydiau *nf.* stream
ffrwydrad/-au *nm.* explosion
ffrwydro *v.* to explode
ffrwyth/-au *nm.* fruit
ffurf/-iau *nf.* form
ffurfio *v.* to form
ffurfiol *adj.* formal
ffŵl/ffyliaid *nm.* fool
ffwng *nm.* fungus
ffwr *nm.* fur
ffwrn/ffyrnau *nf.* oven
ffynnon/ffynhonnau *nf.* fountain

G

gadael *v.* to leave
gaeaf/-au *nm.* winter
gafael *v.* to grasp; *nf.* grasp
gafr/geifr *nf.* goat
gair/geiriau *nm.* word
galar *nm.* mourning
gallu *nm.* ability; *v.* to be able; **~ gweld** to be able to see
galluog *adj.* able
galw/-adau *nm.* call; *v.* to call
galwyn/-i *nm.* gallon
gamblo *v.* to gamble
gan *prep.* + *S.M.* by, with
gardd/gerddi *nf.* garden
garddwr/garddwyr *nm.* gardener
garej/-ys *nmf.* garage
gartref *adv.* at home
gât/gatiau *nf.* gate
gefell/gefeilliaid *nm.* twins
geirfa/geirfâu *nf.* vocabulary
geiriadur/-on *nm.* dictionary
gelyn/-ion *nm.* enemy
gem/-au *nmf.* gem
gêm/gemau *nf.* game; **~ ryngwladol** international
    game
gemwaith *nm.* jewellery
gemydd/-ion *nm.* jeweller
gen *prep.* have; **mae car ~ i** I have a car
gên/genau *nf.* chin
geneth/-od *nf.* girl
geni *v.* to be born; **ces i fy ngeni yn ...** I was born in
ger *prep.* near, by
gerllaw *adv.* nearby
glan/-nau *nf.* bank (*of river*)
glân *adj.* clean
glas *adj.* blue
glaswellt *npl.* grass
glaw *nm.* rain; **bwrw ~** to rain
glendid *nm.* cleanliness
gliniadur/-on *nm.* laptop computer
glud/-ion *nm.* glue
glynu *v.* to stick

gobaith/gobeithion *nm.* hope
gobeithio *v.* to hope
godineb *nm.* adultery
godre/-on *nm.* bottom; **~'r mynydd** the foot of the mountain
gofal/-on *nm.* care; **~ dydd** day care
gofalu *v.* to care; **~ am** to look after
gofalus *adj.* careful
gofalwr/gofalwyr *nm.* caretaker
gofidio *v.* to worry
gofod/-au *nm.* space
gofyn *v.* to ask
gogledd *nm.* north
gohebiaeth *nf.* correspondence
gohebydd/-ion *nm.* correspondent
gôl/goliau *nf.* goal
golau/goleuadau *nm.* light
golchi *v.* to wash
goleuo *v.* to light
gollwng *v.* to drop
golwg/golygon *nf.* appearance
golygfa/golygfeydd *nf.* scene
golygu *v.* to mean
golygus *adj.* handsome
gorau *adj.* best
gorchudd/-ion *nm.* cover
gorchuddio *v.* to cover
gorffen *v.* to finish
Gorffennaf *nm.* July
gorffennol *nm.* past
gorffwys *v.* to rest
gorfodol *adj.* compulsory
gorliwio *v.* to exaggerate
gorllewin *nm.* west
gormod *adv., nm.* too much; **~ o fwyd** too much food
goroesi *v.* to survive
gorsaf/-oedd *nf.* station; **~ heddlu** police station
gorwedd *v.* to lie down
gosod *v.* to put, to place
gradd/-au *nf.* degree, grade
graddfa/graddfeydd *nf.* scale
graddio *v.* to graduate

gram/-au *nm.* gram
gramadeg/-au *nmf.* grammar
grant/-iau *nm.* grant
grawnwin *npl.* grapes
Grawys *nm.* Lent
gril/-iau *nm.* grill
grilio *v.* to grill
gris/-iau *nm.* step, stair
groser/-iaid *nm.* grocer
grŵp/grwpiau *nm.* group
grym/-oedd *nm.* force
gwacáu *v.* to empty
gwaed *nm.* blood
gwaedu *v.* to bleed
gwael *adj.* bad
gwaeth *adj.* worse
gwag *adj.* empty
gwahanu *v.* to separate
gwahardd *v.* to prohibit
gwahodd *v.* to invite
gwahoddiad/-au *nm.* invitation
gwair/gweiriau *nm.* grass, hay
gwaith *nm.* work; **~ cartref** homework; **~ tŷ** housework
gwaith/gweithfeydd *nm.* work, works, plant
gwall/-au *nm.* error
gwallgo *adj.* mad
gwallt *npl.* hair; **~ melyn** blond hair ; **~ golau** blond hair
gwan *adj.* weak
gwanwyn *nm.* spring
gwarant/-au *nm.* guarantee
gwarantu *v.* to guarantee
gwarchod *v.* to protect, to baby-sit
gwareiddiad/-au *nm.* civilization
gwario *v.* to spend
gwartheg *npl.* cattle
gwarthus *adj.* disgraceful
gwas/gweision *nm.* servant
gwasanaeth/-au *nm.* service
gwasg/gweisg *nf.* publisher, printing press
gwasgu *v.* to press
gwastad *adj.* flat

gwau *v.* to knit
gwawr *nf.* dawn
gwddf/gyddfau *nm.* neck
gweddïo *v.* to pray
gweddw *adj.* widowed, *nf.* widow
gwefan/-nau *nf.* website
gwefus/-au *nf.* lip
gweiddi *v.* to shout
gweinidog/-ion *nm.* minister
gweinydd/-ion *nm.* waiter
gweinyddes/-au *nf.* waitress
gweithgar *adj.* active
gweithgaredd/-au *nm.* activity
gweld *v.* to see
gwell *adj.* better; **mae'n well gen i** I prefer
gwella *v.* to get better
gwellt *npl.* straw, hay
gwelltyn/*gwellt nm.* straw (*drinking*)
gwelw *adj.* pale
gwely/-au *nm.* bed
gwendid *nm.* weakness
Gwener *nm.* Friday
gwenith *npl.* wheat
gwennol/gwenoliaid *nf.* swallow
gwenu *v.* to smile
gwenwyn *nm.* poison
gwenwynig *adj.* poisonous
gwenynen/gwenyn *nf.* bee
gwerin/-oedd *nf.* folk
gweriniaeth/-au *nf.* republic
gwers/-i *nf.* lesson
gwersyll/-oedd *nm.* camp
gwersylla *v.* to camp
gwerth/-oedd *nm.* value
gwerthu *v.* to sell
gwerthuso *v.* to evaluate
gwerthwr/gwerthwyr *nm.* seller
gwestai/gwesteion *nm.* host, guest
gwibdaith/gwibdeithiau *nf.* trip
gwin/-oedd *nm.* wine; **~ coch** red wine; **~ gwyn** white wine
gwinllan/-nau *nf.* vineyard
gwir *adj.* true

gwirfoddolwr/gwirfoddolwyr *nm.* volunteer
gwirio *v.* to check
gwirionedd *nm.* truth
gwirioneddol *adj.* real
gwisg/-oedd *nf.* dress; **~ nofio** swimming costume; **~ ysgol** school uniform
gwisgo *v.* to wear
gwlad/gwledydd *nf.* country
Gwlad Belg *nf.* Belgium
gwladaidd *adj.* rustic
gwladwriaeth/-au *nf.* state
gwlân *nm.* wool
gwledd/-oedd *nf.* feast
gwleidydd/-ion *nm.* politician
gwleidyddol *adj.* political
gwlyb *adj.* wet
gwlychu *v.* to wet, to get wet
gwm *nm.* gum
gwn/gynnau *nm.* gun
gŵn/gynau *nm.* gown; **~ nos** night gown
gwneud *to do, to make;* **~ cais** to make an application; **~ cawl** to make a mess, to make soup
gwnïo *v.* to sew
gwobr/-au *nf.* prize
gŵr/gwŷr *nm.* husband, man
gwraig/gwragedd *nf.* wife
gwrando *v.* to listen
gwregys/-au *nm.* belt
gwres *nm.* heat
gwresogydd *nm.* heater
gwrthdaro *v.* to conflict
gwrthdrawiad/-au *nm.* collision
gwrthod *v.* to refuse
gwrthrych/-au *nm.* object
gwrthwynebiad/-au *nm.* opposition
gwrthwynebu *v.* to object
gwryw *nm., adj.* male
gwrywaidd *adj.* male
gwter/-i *nmf.* gutter
gwthio *v.* to push
gwybedyn/gwybed *nm.* fly, gnat
gwybod *v.* to know

gwybodaeth *nf.* knowledge
gwych *adj.* great, excellent
gwyddbwyll *nm.* chess
gwyddoniaeth *nf.* science
gwyddonol *adj.* scientific
gwyddonydd/gwyddonwyr *nm.* scientist
gwyddor/-au *nf.* science, alphabet
gwydn *adj.* tough
gwydr/-au *nm.* glass
gwydraid *nm.* glassful
gŵyl/gwyliau *nf.* festival
gwyliau *npl.* holidays
gwylio *v.* to watch
gwyliwr/gwylwyr *nm.* spectator
gwyllt *adj.* wild
gwymon *npl.* seaweed
gwyn *adj.* white, blessed
gwynt/-oedd *nm.* wind
gwyrdd *adj.* green
gwythïen/gwythiennau *nf.* vein
gyda *prep.* + *ASP.M.* with; ~ 'i gilydd together

H

haearn *nm.* iron
haen/-au *nf.* strata, layer
haerllug *adj.* cheeky
haf/-au *nm.* summer
haint/heintiau *nmf.* disease
halen *nm.* salt
hallt *adj.* salty
ham *nm.* ham
hambwrdd/hambyrddau *nm.* tray
hamdden *nm.* leisure
hanes *nm.* history
hanesydd/haneswyr *nm.* historian
hanesyddol *adj.* historic
hanfodol *adj.* essential
hanner/haneri *nm.* half
hapus *adj.* happy
hapusrwydd *nm.* happiness
harbwr *nm.* harbour
hardd *adj.* beautiful, handsome

haul/heuliau *nm.* sun
heb *prep.* + *S.M.* without; ~ **awdurdod** without authority
heblaw *prep.* apart from
Hebraeg *nf.* Hebrew
hebrwng *v.* to accompany
heddiw *adv.* today
heddlu/-oedd *nm.* police
heddwas/heddweision *nm.* policeman
heddwch *nm.* peace
hedfan *v.* to fly
hediad/-au *nm.* flight
hefyd *adv.* also
heini *adj.* sprightly, fit
heintio *v.* to infect
heintus *adj.* infectious
hela *v.* to hunt
helmed/-au *nf.* helmet
helô *inter.* hello
help *nm.* help
helpu *v.* to help
helpwr/helpwyr *nm.* helper
hen *adj.* old; ~ **dad-cu** *nm.* great grandfather; ~ **fam-gu** *nf.* great grandmother; ~ **ferch** *nf.* spinster; ~ **fyd** *nm.* antiquity; ~ **lanc** *nm.* bachelor; ~ **ffasiwn** *adj.* old fashioned
heno *adv.* tonight
henoed *npl.* elderly people
heol/-ydd *nf.* road
het/-iau *nf.* hat
heulog *adj.* sunny
hi *pron.* she
hil/-iau *nf.* race (*people*)
hiliaeth *nf.* racism
hinsawdd/hinsoddau *nf.* climate
hiraeth *nm.* longing
hiwmor *nm.* humour
hoci *nm.* hockey; ~ **iâ** ice hockey
hoelen/hoelion *nf.* nail
hoelio *v.* to nail
hoff *adj.* favourite
hofrennydd/hofrenyddion *nm.* helicopter
holi *v.* to ask

holl *adj.* all; **yr ~ wlad** all the country
hon *pron./adj. f.* this one, this
hongian *v.* to hang
hosan/-au *nf.* sock
hostel/-i *nf.* hostel; **~ ieuenctid**
    youth hostel
hoyw *adj.* gay
hud *nm., adj.* magic
hufen *nm.* cream; **~ eillio** shaving cream; **~ haul** sun
    cream; **~ iâ** ice cream
hunan *pron.* self
hunanladdiad/-au *nm.* suicide
hunanwasanaeth *nm.* self-service
hunllef/-au *nmf.* nightmare
hurio *v.* to hire
hwn *pron./adj. m.* this one, this
hwy *pron.* they; *adj.* longer
hwyl/-iau *nf.* fun, mood, sail; **mewn hwyliau da** in a
    good mood; **~ fawr** goodbye
hwylio *v.* to sail
hwyr *adj.* late
hwyraf *adj.* latest
hyd/-oedd *nm.* length; *prep. + S.M.* along; **~ yn oed**
    even
hyder *nm.* confidence
Hydref *nm.* October
hydref *nm.* autumn
hyfryd *adj.* lovely, pleasant
hyfforddiant *nm.* training
hylendid *nm.* cleanliness, hygiene
hylif/-au *nm.* fluid
hyn *pron./adj. pl.* this, these
hynafol *adj.* ancient
hysbyseb/-ion *nf.* advertisement
hysbysebu *v.* to advertise
hysbysu *v.* to inform

I

i *prep. + S.M.* to; **~ ffwrdd** away; **~ fyny** up; **~ fyny'r
    grisiau** up the stairs; **~ gyd** all; **~ mewn i** into; **~ 'r
    chwith** to the left; **~ 'r dde** to the right
iâ *nm.* ice

iach *adj.* healthy
iaith/ieithoedd *nf.* language
Iau *nm.* Thursday
iawn *adj.* real; *adv.* very
iawndal/-iadau *nm.* compensation
Iddew/-on *nm.* Jew
Iddewes/-au *nf.* Jewess
Iddewig *adj.* Jewish
ie *adv.* yes
iechyd *nm.* health; **~ da!** good health! cheers!
ieithyddol *adj.* linguistic
ieuenctid *nm.* youth
ifanc *adj.* young
ildio *v.* to yield
inc/-iau *nm.* ink
incwm/incymau *nm.* income
Ionawr *nm.* January
isaf *adj.* lowest, bottom
is-deitl/-au *nm.* subtitle
isel *adj.* low
isod *adv.* below
Israel *nf.* Israel

J

jam/-iau *nm.* jam
jar/-iau *nm.* jar
jîns *npl.* jeans
jôc/-s *nf.* joke

L

label/-i *nmf.* label
labordy/labordai *nm.* laboratory
lager *nm.* lager
lamp/-au *nf.* lamp
lan *adv.* up; **~ llofft** upstairs
landlord/-iaid *nm.* landlord
lapio *v.* to wrap
larwm/larymau *nm.* alarm
lawnt/-iau *nf.* lawn
lemwn/-au *nm.* lemon
lens/-ys *nf.* lens

les *nf.* lease
lifft/-iau *nm.* lift
litr/-au *nm.* litre
lolfa/lolfeydd *nf.* lounge
lôn/lonydd *nf.* lane
loncian *v.* to jog
londri *nm.* laundry
lorri/lorïau *nf.* lorry
losin *npl.* sweets
lwc *nf.* luck; **pob ~** good luck

LL

llac *adj.* slack
lladd *v.* to kill
lladrad/-au *nm.* theft
llaeth *nm.* milk *(S.W.)*
llafar *adj.* oral
llafariad/llafariaid *nf.* vowel
llafn/-au *nmf.* blade
llafur *nm.* labour
llai *adj.* less, smaller
llaid *nm.* mud
llais/lleisiau *nm.* voice
llaith *adj.* damp
llanast *nm.* mess
llanw *nm.* tide; *v.* to fill
llaw/dwylo *nf.* hand; **ail-law** secondhand
llawdriniaeth/-au *nf.* operation
llawen *adj.* happy; **Nadolig ~** Merry Christmas
llawenydd *nm.* joy
llawer *nm.* a lot, many
llawes/llewys *nf.* sleeve
llawfeddyg/-on *nm.* surgeon
llawlyfr/-au *nm.* handbook, brochure
llawn *adj.* full
llawr/lloriau *nm.* floor
lle/-oedd *nm.* place; **~ gwag** empty space; **~ tân** fireplace
lledr *nm.* leather
llefain *v.* to cry
llefaru *v.* to recite
llefrith *nm.* milk *(N.W.)*

lleidr/lladron *nm.* thief
lleihau *v.* to lessen, to diminish
lleithder *nm.* dampness
llen/-ni *nf.* curtain
llên *nf.* literature
llenyddiaeth/-au *nf.* literature
lleol *adj.* local
lleoli *v.* to locate
lles *nm.* benefit, welfare
llety/-au *nm.* lodging
lleuad/-au *nf.* moon
llewygu *v.* to faint
lliain/llieiniau *nm.* cloth; **~ bwrdd** tablecloth
llifo *v.* to flow
llifogydd *npl.* flood
llinell/-au *nf.* line
llinyn/-nau *nm.* string
llithren/-nau *nf.* slide
llithro *v.* to slip
lliw/-iau *nm.* colour; **~ haul** suntan
lloches/-au *nf.* shelter
Lloegr *nf.* England
llofnod/-ion *nm.* autograph, signature
llofrudd/-ion *nm.* murderer
llofruddiaeth/-au *nf.* murder
llofruddio *v.* to murder
llogi *v.* to rent, to hire
llon *adj.* happy
llond *adv.* full; **~ llaw** handful
llong/-au *nf.* ship
llongyfarch *v.* to congratulate
llongyfarchiadau *npl.* congratulations
llosgi *v.* to burn
lludw *nm.* ash, ashes
llun/-iau *nm.* picture
Llun *nm.* Monday
llungopïo *v.* to photocopy
lluniaeth *nmf.* refreshment, food
lluosi *v.* to multiply
lluosog *nm.* plural
llwch *nm.* dust
llwgu *v.* to starve
llwnc *nm.* throat

llwy/-au *nf.* spoon; ~ **de** teaspoon; ~ **fwrdd** tablespoon

llwybr/-au *nm.* path; ~ **cyhoeddus** public footpath

llwyd *adj.* grey

llwyddiant/llwyddiannau *nm.* success

llwyddo *v.* to succeed

llwyfan/-nau *nmf.* stage

llwyth/-au *nm.* tribe; /-i *nm.* load

llydan *adj.* wide

llyffant/-od *nm.* frog, toad

llyfr/-au *nm.* book; ~ **ffôn** phone book; ~ **gosod** textbook; ~ **nodiadau** notebook

llyfrgell/-oedd *nf.* library; ~ **Genedlaethol Cymru** National Library of Wales

llyfrgellydd/llyfrgellwyr *nm.* librarian

llygad/llygaid *nm.* eye

llygoden/llygod *nf.* mouse; ~ **fawr** rat

llygru *v.* to corrupt

llymeitian *v.* to sip

llyn/-noedd *nm.* lake

llyncu *v.* to swallow

llynges/-au *nf.* navy

llys/-oedd *nm.* court

llysfwytäwr/llysfwytawyr *nm.* vegetarian

llysiau *npl.* vegetables

llythyr/-au *nm.* letter (*post*)

llythyren/llythrennau *nf.* letter (*of a word*)

llywio *v.* to guide, to steer

llywodraeth/-au *nf.* government; ~ **leol** local government ~ **Cymru** Welsh Government

llywydd/-ion *nm.* president

M

mab/meibion *nm.* son

mab yng nghyfraith *nm.* son-in-law

mabwysiadu *v.* to adopt

machlud/-oedd *nm.* sunset

madarchen/madarch *nf.* mushroom

maddau *v.* to forgive

maes/meysydd *nm.* field; ~ **awyr** airport; ~ **parcio** parking lot, parking garage

maestref/-i *nf.* suburb

maethlon *adj.* nutritious

Mai *nm.* May

mainc/meinciau *nf.* bench

maint/meintiau *nm.* size

malu *v.* to destroy, to grind; ~ **awyr** to talk nonsense

mam/-au *nf.* mother

mam yng nghyfraith *nf.* mother-in-law

mam-gu/mamau cu *nf.* grandmother (*S.W.*)

mamol *adj.* motherly

mamwlad/mamwledydd *nf.* mother country

man/-nau *nmf.* place; ~ **gwyliau** holiday resort

maneg/menig *nf.* glove

mantais/manteision *nf.* advantage

map/-iau *nm.* map

marc/-iau *nm.* mark

marchnad/-oedd *nf.* market

marcio *v.* to mark

marw *v.* to die; **buodd e farw** he died

marwol *adj.* deadly

marwolaeth/-au *nf.* death

masg/-iau *nm.* mask

masnach *nf.* trade

masnachu *v.* to trade

masnachwr/masnachwyr *nm.* trader

mat/-iau *nm.* mat

mater/-ion *nm.* matter

math/-au *nm.* type; **pa fath o?** what kind of?

matras/matresi *nm.* mattress

mawr *adj.* big

Mawrth *nm.* March

mecanig *nm.* mechanic

mecanyddol *adj.* mechanical

meddal *adj.* soft

meddiannu *v.* to possess, to occupy

meddiant/meddiannau *nm.* possession

meddw *adj.* drunk; **mae e'n feddw** he's drunk

meddwl *v.* to think

meddyg/-on *nm.* doctor

meddygol *adj.* medical

Medi *nm.* September

Mehefin *nm.* June

meistr/-i *nm.* master
meistroli *v.* to master
meithrinfa/meithrinfeydd *nf.* playgroup, nursery
mêl *nm.* honey
melin/-au *nf.* mill
mellten/mellt *nf.* lightning
melyn *adj.* yellow
melys *adj.* sweet
mentro *v.* to venture
menyw/-od *nf.* woman
merch/-ed *nf.* girl, daughter
merch yng nghyfraith *nf.* daughter-in-law
Mercher *nm.* Wednesday
mesur *v.* to measure
metalig *adj.* metallic
metel/-au *nm.* metal
methiant/methiannau *nm.* failure
Methodistiaid *npl.* Methodists
methu *v.* to fail; **~ â gweld** to fail to see
metr/-au *nm.* meter
mewn *prep.* in
mewnforio *v.* to import
mewnfudo *v.* to immigrate
mewnfudwr/mewnfudwyr *nm.* immigrant
mewnol *adj.* inner, inside
migwrn/migyrnau *nm.* ankle
mil/-oedd *nf.* thousand
miliwn/miliynau *nf.* million
milltir/-oedd *nf.* mile
milwr/milwyr *nm.* soldier
milwrol *adj.* military
min *nm.* edge
miniog *adj.* sharp
minlliw *nm.* lipstick
mintys *npl.* mint
mis/-oedd *nm.* month
mislif *nm.* period (menstruation)
misol *adj.* monthly
modd/-ion *nm.* means
moddion *npl.* medicine
model/-au *nm.* model
modem *nm.* modem
modern *adj.* modern

modfedd/-i *nf.* inch
modrwy/-on *nf.* ring (*finger*); **~ briodas** wedding ring
modryb/-edd *nf.* aunt
modur/-on *nm.* motor, car
moel *adj.* bald
moeth/-au *nm.* luxury
moethus *adj.* luxurious
moment/-au *nf.* moment
môr/moroedd *nm.* sea
mordaith/mordeithiau *nf.* voyage
morgais/morgeisi *nm.* mortgage
morwr/morwyr *nm.* sailor
morwyn/morynion *nf.* maid
mosg *nm.* mosque
mud *adj.* mute, dumb
mudiad/-au *nm.* movement; **~ Meithrin** Welsh
   Playgroup Movement
munud/-au *nmf.* minute
mur/-iau *nm.* wall
mwclis *npl.* necklace
mwd *nm.* mud
mwg *nm.* smoke
mwnci/mwncïod *nm.* monkey
Mwslim/-iaid *nmf.* Muslim
mwstard *nm.* mustard
mwstás *nm.* moustache
mwy *adj./nm.* more; **~ na thebyg** probably
mwyaf *adj.* most, greatest
mwyafrif/-oedd *nm.* majority
mwyafswm *nm.* most, maximum
mwydyn/mwydod *nm.* worm
mwyhau *v.* to enlarge
mwynhau *v.* to enjoy
myfyriwr/myfyrwyr *nm.* student
mynach/-od *nm.* monk
mynd *v.* to go; **~ â** + *ASP.M.* to take; **~ am dro** to go
   for a walk; **~ i mewn** to go in; **~ yn** to become
mynedfa/mynedfeydd *nf.* entrance (*door*)
mynediad/-au *nm.* entrance
mynegai/mynegeion *nm.* index
mynegi *v.* to express
mynnu *v.* to insist
mynwent/-ydd *nf.* cemetery

N

na *adv.* no; *prep.* + ASP.M. than; *rel. pron.* + S.M. + ASP.M. before 'c', 'p', t' that not
naddo *adv.* no
Nadolig *nm.* Christmas; ~ **Llawen** Merry Christmas
nai/neiaint *nm.* nephew
naill ai *conj.* either; ~ ... **neu** either ... or
nain/neiniau *nf.* grandmother *(N.W.)*
nam/-au *nm.* fault
nant/nentydd *nf.* stream
natur *nf.* nature
naturiol *adj.* natural
naw *num.* nine
nawdd *nm.* sponsorship
nawr *adv.* now
neb *pron.* no one
nef *nf.* heaven
nefoedd *nf.* heaven
neges/-au/-euon *nf.* message
negyddol *adj.* negative
neidio *v.* to jump
neidr/nadredd *nf.* snake
neis *adj.* nice
neithiwr *adv.* last night
nen *nf.* heaven, sky
nenfwd/nenfydau *nm.* ceiling
nerf/-au *nm.* nerve
nerfus *adj.* nervous
nerth/-oedd *nm.* strength
nesa *adj.* next
neu *conj.* or
neuadd/-au *nf.* hall; ~ **breswyl** hostel
newid *v.* to change
newydd *adj.* new
newyddion *npl.* news
newyn *nm.* hunger
nhw *pron.* they, them
ni *pron.* we, us
nid *neg.* not
nifer/-oedd *nmf.* number
niferus *adj.* numerous

nith/-oedd *nf.* niece
niwed/niweidiau *nm.* damage
niweidio *v.* to damage
niwl/-oedd *nm.* mist, fog
nodi *v.* note
nodweddiadol *adj.* typical
nodwydd/-au *nf.* needle
nodyn/nodiadau *nm.* note
noeth *adj.* naked
nofel/-au *nf.* novel
nofelydd/nofelwyr *nm.* novelist
nofio *v.* to swim
normal *adj.* normal
nos/-au *nf.* night; ~ **Galan** new year's eve; ~ **yfory** tomorrow night
noswaith/nosweithiau *nf.* evening; ~ **dda** good evening
nwy/-on *nm.* gas
nwyddau *npl.* goods
nyrs/-ys *nmf.* nurse
nyth/-od *nmf.* nest

O

o *prep.* + S.M. of, from; ~ **dan** + S.M. under; ~ **fewn** within; ~ **flaen** in front of; ~ **gwmpas** around; ~ **hyd** still, always; ~ **leiaf** at least
ochr/-au *nf.* side
od *adj.* odd, strange
oed *nm.* age
oedi *v.* to delay
oedolyn/oedolion *nm.* adult
oedran/-nau *nm.* age
oedrannus *adj.* elderly
oer *adj.* cold
oergell/-oedd *nf.* refrigerator
offeiriad/-on *nm.* priest
offer *npl.* equipment
offeryn/offer *nm.* instrument; ~ **cerdd** musical instrument
ofn/-au *nm.* fear
ofnadwy *adj.* awful
ofnus *adj.* afraid, fearful

ogof/-âu *nf.* cave
oherwydd *prep.* because
ôl/olion *nm.* remain, trace
olaf *adj.* last
olew/-on *nm.* oil
oll *adj.* all
olwyn/-ion *nf.* wheel; ~ **sbâr** spare wheel, spare tyre
ond *conj.* but
ongl/-au *nf.* angle
oni bai *conj.* but for, except that
optegydd/optegwyr *nm.* optician
oren/-au *nmf.* orange
organ/-au *nf.* organ
oriawr/oriorau *nf.* watch
oriel/-au *nf.* gallery
os *conj.* if; ~ **gwelwch yn dda** please
osgoi *v.* to avoid
owns/-ys *nf.* ounce

P

pa *interrog.* + *S.M.* which, what; ~ **fath o** what kind of
pab/-au *nm.* pope
pabell/pebyll *nf.* tent
pabyddol *adj.* Catholic
pacio *v.* to pack
padell/-i *nf.* pan; ~ **ffrio** frying pan
paent *nm.* paint
paffio *v.* to box
pafin *nm.* sidewalk
pam *interrog.* why
pans *nm.* briefs
papur/-au *nm.* paper; ~ **meddyg** prescription;
   ~ **newydd** newspaper; ~ **tŷ bach** toilet paper
pâr/parau *nm.* pair
paratoi *v.* to prepare
parc/-iau *nm.* park
parhad *nm.* continuation
parhau *v.* to continue
parlysu *v.* to paralyse
parod *adj.* ready
parti/partïon *nm.* party
partner/-iaid *nm.* partner

pasbort/-au *nm.* passport
pasio *v.* to pass
past dannedd *nm.* toothpaste
pawen/-nau *nf.* paw ; ~ **lawen** high five
pe *conj.* if
pedair *num. f.* four
pedal/-au *nm.* pedal
pedwar *num. m.* four
pegwn/pegynau *nm.* pole
pei/-s *nf.* pie
peilot/-iaid *nm.* pilot
peintio *v.* to paint
peintiwr/peintwyr *nm.* painter
peiriannwr/peirianwyr *nm.* engineer
peiriant/peiriannau *nm.* engine; ~ **golchi** washing
   machine
pêl/peli *nf.* ball; ~ **bluen** badminton; ~ **-droed**
   football, soccer; ~ **fasged** basketball
pen/-nau *nm.* head; ~ **blwydd** birthday; ~ **blwydd**
   hapus happy birthday; ~ **mawr** hangover; ~ **tost**
   headache *(S.W.)*
pencampwriaeth/-au *nf.* championship
penderfyniad/-au *nm.* decision
penderfynu *v.* to decide
pendics *nm.* appendix *(body)*
pendro *nf.* dizziness
pen-lin/-iau *nmf.* knee
pennaeth/penaethiaid *nm.* head, chief, school
   principal
pennod/penodau *nf.* chapter
pensaer/penseiri *nm.* architect
pensaernïaeth *nf.* architecture
pensil/-iau *nmf.* pencil
pensiynwr/pensiynwyr *nm.* pensioner, retiree
pentref/-i *nm.* village
pentwr/pentyrrau *nm.* heap, pile
penwythnos/-au *nm.* weekend
perchen *v.* to own
perchennog/perchenogion *nm.* owner
perffaith *adj.* perfect
peri *v.* to cause
perl/-au *nm.* pearl
persawr/-au *nm.* scent

person/-au *nm.* person; /-iaid *nm.* parson
perthyn *v.* to belong
perthynas/perthnasau *nf.* relation
perygl/-on *nm.* danger
peryglus *adj.* dangerous
peswch/pesychiadau *nm.* cough; **mae ~ arna i** I
    have a cough
pesychu *v.* to cough
peth/-au *nm.* thing
petruso *v.* to hesitate
pib/-au *nf.* pipe
piben/pibau *nf.* pipe; **~ ddŵr** water pipe; **~ wacáu**
    exhaust pipe
picnic/-au *nm.* picnic
pigiad/-au *nm.* sting
pigo *v.* to sting
pilsen/pils *nf.* pill
pìn/pinnau *nm.* pin; **~ cau** safety pin
pinsio *v.* to pinch
pinswrn/pinsyrnau *nm.* pincers
piws *adj.* purple
plaen *adj.* plain
plaid/pleidiau *nf.* party (*political*) **~ Cymru** The Party
    of Wales; **y Blaid Geidwadol** the Conservative
    Party; **y Blaid Lafur** the Labour Party
planed/-au *nf.* planet
planhigyn/planhigion *nm.* plant
plastig/-au *nm.* plastic
plât/platiau *nm.* plate
pleidlais/pleidleisiau *nf.* vote;
pleidleisio *v.* to vote; **~ dros** to vote for
plentyn/plant *nm.* child
plentyndod *nm.* childhood
pleser/-au *nm.* pleasure
plesio *v.* to please
plismon/plismyn *nm.* policeman
plismones/-au *nf.* policewoman
plwg/plygiau *nm.* plug
plws *prep.* plus
plygu *v.* to bend, to fold
plymer/-iaid *nm.* plumber
pob *adj.* every; all; baked; **~ hwyl** goodbye
pobl/-oedd *nf.* people

poblogaeth/-au *nf.* population
pobydd/-ion *nm.* baker
poced/-i *nf.* pocket
poen/-au *nmf.* pain
poeni *v.* to hurt, to worry
poenus *adj.* painful
poer *nm.* spit
polisi/polisïau *nm.* policy
polyn/polion *nm.* pole
pont/-ydd *nf.* bridge
porc *nm.* pork
porcyn *adj.* nude
porfa/porfeydd *nf.* grass
porffor *adj.* purple
portread/-au *nm.* portrait
porthladd/-oedd *nm.* harbour
posibl *adj.* possible
post *nm.* post; **~ awyr** air mail
postio *v.* to post
pot/-iau *nm.* pot
potel/-i *nf.* bottle
pothell/-au *nf.* blister
powdr/-au *nm.* powder
powlen/-ni *nf.* bowl
prawf/profion *nm.* test
preifat *adj.* private
preifatrwydd *nm.* privacy
prentis/-iaid *nm.* apprentice
prentisiaeth *nf.* apprenticeship
presennol *adj.* present; *nm.* present
preswyl *adj.* residential
preswylio *v.* to live, to reside
pridd/-oedd *nm.* soil, earth
prif *adj.* main; **~ weinidog** prime minister
prifathro/prifathrawon *nm.* headteacher
prifddinas/-oedd *nf.* capital city.
priffordd/priffyrdd *nf.* main road
prifysgol/-ion *nf.* university
prin *adj.* rare
priodas/-au *nf.* marriage
priodfab *nm.* groom
priodferch *nf.* bride
priodi *v.* to marry, to get married

priodol *adj.* appropriate
pris/-iau *nm.* price
prisio *v.* to price
problem/-au *nf.* problem
proffesiwn/proffesiynau *nm.* profession
proffil/-iau *nm.* profile
profi *v.* to prove, to test
profiad/-au *nm.* experience
prosiect/-au *nm.* project
Protestant/Protestaniaid *nm.* Protestant
protestio *v.* to protest
pryd/-au *nm.* meal; *interrog.* when
Prydain *nf.* Britain
pryder/-on *nm.* worry
prydferth *adj.* beautiful
pryf/-ed *nm.* insect; **~ copyn** spider
prynhawn/-(i)au *nm.* afternoon; **~ 'ma** this afternoon; **~ heddiw** this afternoon
prynu *v.* to buy
prysur *adj.* busy
pump *num.* five
punt/punnoedd *nf.* pound (£)
pupur *nm.* pepper
pur *adj.* pure
pwdin/-au *nm.* pudding
pwdr *adj.* rotten
pwll/pyllau *nm.* pool, mine; **~ glo** coal mine; **~ nofio** swimming pool
pwmp/pympiau *nm.* pump
pwmpio *v.* to pump
pwnc/pynciau *nm.* subject
pwrpas/-au *nm.* purpose
pwrs/pyrsiau *nm.* purse
pwy *interrog.* who
pwyllgor/-au *nm.* committee
pwynt/-iau *nm.* point
pwyntio *v.* to point
pwys/-au *nm.* weight; /-i *nm.* pound (*lb*)
pwysig *adj.* important
pwysigrwydd *nm.* importance
pwyso *v.* to weigh
pwyth/-au *nm.* stitch
pwytho *v.* to stitch

pyjamas *nm.* pyjamas
pyls *nm.* pulse
pymtheg *num.* fifteen
pysgodyn/pysgod *nm.* fish; **pysgod cragen** shellfish
pysgota *v.* to fish
pysgotwr/pysgotwyr *nm.* fisherman
pythefnos *nm.* fortnight

R

'r *art.* the
raced/-i *nf.* racket
radio *nm.* radio
ramp/-iau *nm.* ramp
ras/-ys *nf.* race
real *adj.* real
record/-iau *nmf.* record
reid/-iau *nf.* ride
reis *nm.* rice
restio *v.* to arrest
risg/-iau *nf.* risk
rôl/rolau *nf.* role
rygbi *nm.* rugby
rysáit/ryseitiau *nmf.* recipe

RH

rhad *adj.* cheap
rhaff/-au *nf.* rope
rhag *prep.* from, lest; **RHAG** Parents for Welsh Medium Education
rhagenw/-au *nm.* pronoun
Rhagfyr *nm.* December
rhaglen/-ni *adj.* programme
rhagolwg/rhagolygon *nm.* forecast; **rhagolygon y tywydd** weather forecast
rhagor *nm.* more
rhagori *v.* to excel
rhai *pron.* some
rhaid *nm.* necessity; **mae ~ i fi** I must
rhain *pron.* these
rhamant/-au *nf.* romance
rhan/-nau *nf.* part

rhan-amser *adj.* part-time
rhedeg *v.* to run
rhegi *v.* to swear
rheilffordd/rheilffyrdd *nf.* railway
rheiny *pron.* those
rhent/-i *nm.* rent
rheol/-au *nf.* rule
rheolaeth/-au *nf.* control
rheolaidd *adj.* regular
rheoli *v.* to rule, to control
rheolwr/rheolwyr *nm.* ruler
rhes/-i *nf.* row
rhestr/-i *nf.* list
rhestru *v.* to list
rheswm/rhesymau *nm.* reason
rhesymu *v.* to reason
rhewgell/-oedd *nf.* freezer
rhewllyd *adj.* icy
rhiant/rhieni *nm.* parent; **rhieni cu** grandparents
rhif/-au *nm.* number
rhiw/-iau *nmf.* hill
rhodd/-ion *nf.* gift
rhoddi *v.* to give
rhoi *v.* to give; ~ **gwybod** to inform
rholio *v.* to roll
rholyn/rholiau *nm.* roll
rhuban/-au *nm.* ribbon
rhugl *adj.* fluent
rhuthro *v.* to rush
rhwd *nm.* rust
rhwng *prep.* between
rhwyd/-i *nf.* net
rhwymyn/rhwymau *nm.* bandage
rhwystr/-au *nm.* impediment, hindrance
rhybudd/-ion *nm.* warning
rhybuddio *v.* to warn
rhyddhad *nm.* relief
rhyddid *nm.* freedom
rhydu *v.* to rust
rhyfedd *adj.* strange
rhyfeddu *v.* to wonder
rhyfel/-oedd *nm.* war
rhyngrwyd *nm.* internet

rhyngwladol *adj.* international
rhythm/-au *nm.* rhythm
rhyw/-iau *nf.* sex, gender; *nmf.* sort; *adj.* some
rhywbeth *nm.* something
rhywedd *nm.* gender
rhywiol *adj.* sexy
rhywle *adv.* somewhere
rhywrai *pron.* some people
rhywun *pron.* someone

S

sach/-au *nf.* sack; ~ **gefn** backpack; ~ **gysgu** sleeping bag
Sadwrn *nm.* Saturday
saer/seiri *nm.* carpenter
Saesneg *nf.* English
Saesnes/-au *nf.* Englishwoman
saeth/-au *nf.* arrow
saethu *v.* to shoot
safle/-oedd *nm.* position
safon/-au *nf.* standard
sail/seiliau *nmf.* foundation
sain/seiniau *nf.* sound
Sais/Saeson *nm.* Englishman
saith *num.* seven
sâl *adj.* ill
salad/-au *nm.* salad
salw *adj.* ugly
salwch *nm.* illness; ~ **môr** seasickness
sampl/-au *nm.* sample
sanctaidd *adj.* holy
sandal/-au *nmf.* sandal
sarhau *v.* to insult
sawdl/sodlau *nmf.* heel.
sawl *adj.* several; *interrog.* how many
Sbaen *nf.* Spain
Sbaeneg *nf.* Spanish (*language*)
Sbaenes/-au *nf.* Spanish woman
Sbaenwr/Sbaenwyr *nm.* Spaniard
sbardun/-au *nm.* accelerator
sbectol/-au *nf.* spectacles; ~ **haul** sun glasses
sbwng *nm.* sponge

sbwriel *nm.* trash
sbwylio *v.* to spoil
sebon/-au *nm.* soap
sedd/-au/-i *nf.* seat
sefydliad/-au *nm.* institution
sefydlu *v.* to establish
Seisnig *adj.* English
sêl/-s *nf.* sale
seler/-ydd *nf.* cellar
senedd *nf.* **Senedd Cymru** Welsh Parliament
seremoni/seremonïau *nf.* ceremony
seren/sêr *nf.* star
set/-iau *nf.* set; **~ deledu** television set
setlo *v.* to settle
sgarff/-iau *nf.* scarf
sgert/-iau *nf.* skirt
sgi/-s *nm.* ski
sgio *v.* to ski; **~ dŵr** to water ski
sglefrio *v.* to skate; **~ iâ** to ice skate
sgrifennu *v.* to write
sgrin/-iau *nf.* screen; **~ haul** sun screen
sgwâr/sgwar(i)au *nm.* square
sgwrs/sgyrsiau *nf.* conversation, chat
sgwrsio *v.* to chat, to converse
shwmae *inter.* hello, how are you?
siaced/-i *nf.* jacket; **~ achub** life jacket
siampŵ/-s *nm.* shampoo
siarad *v.* to talk; **~ â** to talk to
siarc/-od *nm.* shark
siawns/-au *nf.* chance
sicrwydd *nm.* certainty
sidan/-au *nm.* silk
siec/-iau *nf.* cheque
sigâr/sigarau *nf.* cigar
sigarét/-s/sigaretau *nf.* cigarette
silff/-oedd *nf.* shelf; **~ lyfrau** bookshelf
sillafu *v.* to spell
sinc *nm.* sink
sinema/sinemâu *nf.* cinema
sioc/-iau *nmf.* shock
sioe/-au *nf.* show
siom/-au *nmf.* disappointment
siomi *v.* to disappoint

Siôn Corn *nm.* Santa Claus
siop/-au *nf.* shop; **~ bapur** newsagent; **~ ddillad** clothes shop; **~ goffi** coffee shop; **~ lyfrau** bookstore
siopa *v.* to shop
siswrn/sisyrnau *nm.* scissors
siwgr/-au *nm.* sugar
siwmper/-i *nf.* jumper, pullover
siŵr *adj.* sure
siwrnai/siwrneiau *nf.* journey
siwt/-iau *nf.* suit; **~ nofio** swimsuit
smalio *v.* to joke, to pretend
smwddio *v.* to iron
soffa *nf.* sofa
solid *adj.* solid
sôn *v.* to mention
stadiwm/stadiymau *nm.* stadium
staen/-iau *nm.* stain
staer *npl.* stairs
stafell/-oedd *nf.* room; **~ wely** bedroom; **~ ymolchi** bathroom; **~ fyw** living room
stamp/-iau *nm.* stamp
stecen/stêcs *nf.* steak
stôl/stolion *nf.* stool
stordy/stordai *nm.* warehouse, storeroom
stori/storïau *nf.* story
storio *v.* to store
storm/-ydd *nf.* storm
straen *nmf.* strain
stryd/-oedd *nf.* street
stumog/-au *nf.* stomach
sudd/-oedd *nm.* juice; **~ lemwn** lemon juice; **~ oren** orange juice
suddo *v.* to sink
sugno *v.* to suck
Sulgwyn *nm.* Whitsun
sur *adj.* sour
sut *interrog.* how
sw/sŵau *nm.* zoo
Swisiad/Swisiaid *nm.* Swiss person
y Swistir *nf.* Switzerland
swits/-ys *nm.* switch
swm/symiau *nm.* sum

swn/synau *nm.* sound, noise
swnllyd *adj.* noisy
swper/-au *nmf.* supper
swydd/-i *nf.* job, post; **~ wag** vacancy
swyddfa/swyddfeydd *nf.* office; **~ bost** post office
swyddog/-ion *nm.* officer
swyn/-ion *nm.* charm
sych *adj.* dry
syched *nm.* thirst; **mae ~ arna i** I'm thirsty
sychedig *adj.* thirsty
sychu *v.* to dry
sylw/-adau *nm.* observation
sylweddol *adj.* substantial
sylweddoli *v.* to realise
sylwi *v.* to notice
syml *adj.* simple
symptom/-au *nm.* symptom
symud *v.* to move
symudiad/-au *nm.* movement
synagog/-au *nm.* synagogue
syniad/-au *nm.* idea
synnu *v.* to surprise
syr *nm.* sir
syrcas/-au *nm.* circus
syth *adj.* straight
sythu *v.* to shiver, to straighten

T

tabl/-au *nm.* table (*e.g. of figures*)
Tachwedd *nm.* November
tacsi/-s *nm.* taxi
tad/-au *nm.* father
tad bedydd *nm.* godfather
tad yng nghyfraith *nm.* father-in-law
tad-cu/tadau cu *nm.* grandfather (*S.W.*)
tafarn/-au *nmf.* public house
tafell/-au *nf.* slice
taflen/-ni *nf.* leaflet
taflu *v.* to throw
tafodiaith/tafodieithoedd *nf.* dialect
tagu *v.* to choke, to strangle
taid/teidiau *nm.* grandfather (*N.W.*)

tair *num. f.* three
taith/teithiau *nf.* Journey; **~ gerdded** hike
tâl/taliadau *nm.* pay
talcen/-ni *nm.* forehead
taldra *nm.* height
tan *prep.* + *S.M.* until
tân/tanau *nm.* fire; **~ gwyllt** fireworks
tanddaear *adj.* underground
tanio *v.* to fire, to start (*engine*)
taniwr/tanwyr *nm.* lighter, starter
tanwydd/-au *nm.* fuel
tap/-iau *nm.* tap
taran/-au *nf.* thunder
targed/-au *nm.* target
taro *v.* to hit, to strike
tarten/-ni/-nau *nf.* tart
tatŵ/s *nm.* tattoo
tawel *adj.* quiet, silent
tawelwch *nm.* silence
te *nm.* tea
tebot/-au *nm.* teapot
tebyg *adj.* alike, similar
teg *adj.* fair
tegan/-au *nm.* toy
tegell/-au *nm.* kettle
tei/-s *nm.* tie
teiar/-s *nm.* tyre
teiliwr/teilwriaid *nm.* tailor
teimlad/-au *nm.* feeling
teimlo *v.* to feel
teisen/-nau *nf.* cake
teithio *v.* to travel
teithiwr/teithwyr *nm.* traveller
teleffôn/teleffonau *nm.* telephone
teitl/-au *nm.* title
teledu *nm.* television; **set deledu** *nf.* television set
telyn/-au *nf.* harp
teml/-au *nf.* temple
tenau *adj.* thin
tennis *nm.* tennis
teras/-au *nm.* terrace
terfyn/-au *nm.* limit, boundary
terfynol *adj.* final

terfysg/-oedd *nm*. riot
testun/-au *nm*. text, subject
teulu/-oedd *nm*. family
tew *adj*. fat
teyrnged/-au *nf*. tribute
ti *pron*. you (*sing.*)
tîm/timau *nm*. team
tir/-oedd *nm*. land
tirlun/-iau *nm*. landscape
tisian *v*. to sneeze
tlawd *adj*. poor
to/-eon *nm*. roof
tocyn/nau *nm*. ticket
toes *nm*. dough
toiled/-au *nm*. toilet
torf/-eydd *nf*. crowd
toriad/-au *nm*. break; **~ gwallt** haircut; **~ dydd** daybreak
torri *v*. to break, to cut; **~ lawr** to break down
torrwr/torwyr *nm*. cutter; **~ gwallt** barber
torth/-au *nf*. loaf
tra *adv*. + *ASP.M.* quite, very; *conj*. while
traddodiad/-au *nm*. tradition
traddodiadol *adj*. traditional
traeth/-au *nm*. beach
trafferth/-ion *nf*. difficulty
traffig *nm*. traffic
trafnidiaeth *nf*. traffic; **~ gyhoeddus** public transport
tragwyddol *adj*. everlasting, eternal
trais *nm*. violence, rape
tramor *adj*. foreign
traul/treuliau *nf*. expense
tref/-i *nf*. town
trefn/-au *nf*. order
trefnu *v*. to order, to sort, to arrange
trefol *adj*. urban
treisgar *adj*. violent
treisio *v*. to violate, to rape
trên/trenau *nm*. train
treth/-i *nf*. tax
trethu *v*. to tax
treulio *v*. to spend

tri *num*. *m*. three
triniaeth/-au *nf*. treatment
trinydd gwallt *nm*. hairdresser
trist *adj*. sad
tro/-eon *nm*. turn, walk; **mynd am dro** to go for a walk
troed/traed *nf*. foot
troednoeth *adj*. barefoot
troi *v*. to turn
trosedd/-au *nmf*. crime
trosglwyddo *v*. to transfer
trosi *v*. to transfer, to translate, to convert
trowsus/-au *nm*. trousers
truan *nm*. wretch
trwm *adj*. heavy
trwsio *v*. to mend, to repair
trwy *prep*. + *S.M.* through
trwydded/-au *nf*. license
trwyddedu *v*. to license
trwyn/-au *nm*. nose
trymaidd *adj*. heavy, close (*weather*)
trysor/-au *nm*. treasure
tsieni *nm*. china
tua *prep*. + *ASP.M.* around, about
tuag at *prep*. + *S.M.* towards
tudalen/-nau *nf*. page
tuedd/-iadau *nf*. tendency
tueddu *v*. to tend
tun/-iau *nm*. tin
tusw/-au *nm*. posy
twf *nm*. growth
twll/tyllau *nm*. hole; **~ y clo** keyhole
twnnel/twnelau *nm*. tunnel
twpsyn/twpsod *nm*. fool
tŵr/tyrau *nm*. tower
twrist/twristiaid *nm*. tourist
twristiaeth *nf*. tourism
twyllo *v*. to cheat
twym *adj*. warm
twymyn *nmf*. fever; **~ y gwair** hay fever
tŷ/tai *nm*. house; **~ bach** toilet; **~ tafarn** public house
tyfu *v*. to grow

tymer *nf.* temper
tymheredd *nm.* temperature
tymor/tymhorau *nm.* term, season
tyn *adj.* tight
tynnu *v.* to pull; **~ i ffwrdd** to take away, to take off
tyrfa/-oedd *nf.* crowd
tyst/-ion *nm.* witness
tystiolaeth/-au *nf.* evidence
tywel/-ion *nm.* towel
tywod *nm.* sand
tywydd *nm.* weather
tywyll *adj.* dark
tywyllwch *nm.* darkness
tywys *v.* to guide, to lead
tywysydd/tywyswyr *nm.* guide

TH

theatr/-au *nf.* theatre
thermomedr/-au *nm.* thermometer

U

uchaf *adj.* highest
uchder *nm.* height
uchel *adj.* high
uchelgais *nmf.* ambition
uffern *nf.* hell
ugain *num.* twenty
un *num.* one
undeb/-au *nm.* union; **~ Ewropeaidd** European Union
uned/-au *nf.* unit
unieithog *adj.* monolingual
unig *adj.* only, lonely
unigrwydd *nm.* loneliness
unigryw *adj.* unique
union *adj.* straight; **yn ~** immediately
uno *v.* to join, to unite
Unol Daleithiau America *npl.* United States of America
unrhyw *adj.* any; **~ un** anyone; **~ beth** anything

unwaith *adv.* once
Urdd Gobaith Cymru *nf.* Welsh League of Youth
uwchben *prep.* above

W

wal/-iau *nf.* wall
waled/-i *nf.* wallet
wats/-ys *nf.* watch
wedi *prep.* after; *verbal* have; **~ blino** tired; **wedi ei eni** born; **~ 'i ferwi** boiled; **~ 'i ffrio** fried
wedyn *adv.* then, afterwards
weithiau *adv.* sometimes
wincio *v.* to wink
wrth *prep.* + *S.M.* by, near; **~ gwrs** of course; **~ ochr** by the side of
wyneb/-au *nm.* face
wynwynen/wynwyn *nf.* onion
ŵyr/wyrion *nm.* grandson
wyres/-au *nf.* granddaughter
wythnos/-au *nf.* week; **~ nesa** next week

Y

y *art.* the; **y cant** percent; **y ddau** *m.* both; **y ddwy** *f.* both; **y llynedd** last year; **y Môr Canoldir** the Mediterranean Sea; **y Pasg** Easter; **y tu allan** outside; **y tu hwnt i** beyond; **y tu mewn** inside
ychwanegol *adj.* extra, additional
ychwanegu *v.* to add
ychydig *nm.* a little, a few
yfory *adv.* tomorrow
yma *adv.* here
ymadrodd/-ion *nm.* phrase
ymarfer *v.* to practise
ymarferol *adj.* practical
ymatal *v.* to refrain, to abstain
ymateb/-ion *nm.* response; *v.* to respond
ymbarél/ymbarelau *nmf.* umbrella
ymchwil *nf.* research
ymchwilio *v.* to research
ymddangos *v.* to appear
ymddeol *v.* to retire

ymddiheuro *v.* to apologize
ymddiriedaeth *nf.* trust
Ymddiriedolaeth Genedlaethol *nf.* National Trust
ymddwyn *v.* to behave
ymddygiad *nm.* behaviour
ymdrochi *v.* to bathe
ymwelydd/ymwelwyr *nm.* visitor
ymhlith *prep.* among
ymlacio *v.* to relax
ymladd *v.* to fight; **~ â** + *ASP.M.* to fight with
ymlâdd *v.* to be exhausted **wedi ~** exhausted
ymlaen *adv.* forward
ymolchi *v.* to wash
ymosodol *adj.* offensive, aggressive
ymuno *v.* to join
ymweld *v.* to visit; **~ â** + *ASP.M.* to visit
ymweliad/-au *nm.* visit
ymwelydd/ymwelwyr *nm.* visitor
ymwybodol *adj.* conscious
ymyl/-on *nf.* edge; **yn ~** near
yn *prep.* + *N.M.* in; **yn agos at** near; **yn erbyn** against; **yn lle** instead of; **yn ôl** back
yn *introduces verb or noun; changes adjective to adverb;* **yn aml** often; **yn barod** ready; **yn enwedig** especially; **yn gywir** yours sincerely; **yn ôl** according to; **yn syth** straight, immediately; **yn unig** only, lonely
yna *adv.* then
yng nghanol *adv.* in the middle of
ynghanol *adv.* in the middle of
ynghyd *adv.* together

yno *adv.* there
ynys/-oedd *nf.* island
ynysu *v.* to isolate
yr *art.* the; **yr Almaen** Germany; **yr Eidal** Italy; **yr un** each; **yr unig** the only; **yr Urdd** the Welsh League of Youth
ysbryd/-ion *nm.* spirit
ysbyty/ysbytai *nm.* hospital
ysgol/-ion *nf.* school, ladder; **~ feithrin** nursery school; **~ fonedd** public school; **~ gyfun** comprehensive school; **~ gynradd** primary school; **~ uwchradd** secondary school
ysgoloriaeth/-au *nf.* scholarship
ysgrifbin/-nau *nm.* pen
ysgrifennu *v.* to write
ysgrifennwr/ysgrifenwyr *nm.* writer
ysgrifennydd/ysgrifenyddion *nm.* secretary
ysgrifenyddes/-au *nf.* secretary
ysgubo *v.* to sweep
ysgubor/-iau *nf.* barn
ysgwyd *v.* to shake; **~ llaw** to shake hands
ysgwydd/-au *nf.* shoulder
ysgyfaint *npl.* lungs
ystad/-au *nf.* estate
ystafell/-oedd *nf.* room; **~ aros** waiting room; **~ fyw** living room
ystum/-iau *nm.* gesture
ystyr/-on *nmf.* meaning
ystyried *v.* to consider
yswiriant *nm.* insurance
yswirio *v.* to insure

SOME PLACE NAMES IN WALES, AND OTHER COUNTRIES

Aberdaugleddau	Milford Haven
Abergwaun	Fishguard
Abertawe	Swansea
Aberteifi	Cardigan
Amwythig	Shrewsbury
Bryste	Bristol
Caer	Chester
Caer Efrog	York
Caerdydd	Cardiff
Caeredin	Edinburgh
Caerfyrddin	Carmarthen
Caergrawnt	Cambridge
Caergybi	Holyhead
Caerliwelydd	Carlisle
Caerloyw	Gloucester
Caerwrangon	Worcester
Caerwysg	Exeter
Casnewydd	Newport
Castell-nedd	Neath
Ceinewydd	New Quay
Croesoswallt	Oswestry
Cydweli	Kidwelly
Dinbych	Denbigh
Dinbych-y-Pysgod	Tenby
Dulyn	Dublin
Efrog Newydd	New York
Glynebwy	Ebbw Vale
Gwlad yr Haf	Somerset
Henffordd	Hereford
Hwlffordd	Haverfordwest
Llanbedr Pont Steffan	Lampeter
Llanelwy	St Asaph
Llanilltud Fawr	Llantwit Major
Llundain	London
Penfro	Pembroke
Pen-y-bont ar Ogwr	Bridgend
Rhufain	Rome
Rhuthun	Ruthin
Rhydaman	Ammanford
Rhydychen	Oxford
Trefdraeth	Newport (Pembs)
Treforys	Morriston
Trefynwy	Monmouth
Treffynnon	Holywell
Tyddewi	St David's
Wrecsam	Wrexham
Y Bala	Bala
Y Barri	Barry
Y Bontfaen	Cowbridge
Y Drenewydd	Newtown
Y Gelli	Hay on Wye
Y Trallwng	Welshpool
Yr Wyddgrug	Mold

ENGLISH – WELSH DICTIONARY

A

a *art.* no Welsh equivalent
abbey *n.* abaty *m.*; mynachlog *f.*
ability *n.* gallu *m.*
able *adj.* galluog
    to be able to gallu *v.*
about *prep.* am + *S.M. (at + time);* tua + *ASP.M. (about + time);* o gwmpas *(around)*
above *prep. + adv.* Uwchben
abroad *adv.* dramor; *adj.* tramor
absent *adj.* absennol
absurd *adj.* ffôl *(foolish);* afresymol *(unreasonable)*
abuse *v.* camddefnyddio; camddefnydd *nm.*
academy *n.* academi *f.*
accelerator *n.* sbardun *m.*
accent *n.* acen *f*
accept *v.* derbyn
accident *n.* damwain *f.*
accommodation *n.* llety *m.*
according to *prep.* yn ôl
account *n.* cyfrif *m.*
accountant *n.* cyfrifydd *m.*
accurate *adj.* cywir
accusation *n.* cyhuddiad *m.*
accuse *v.* cyhuddo
ace *n.* as *m.*
ache *n.* poen *mf.; v.* poeni, brifo
achieve *v.* cyflawni
achievement *n.* cyflawniad *m.*
acknowledge *v.* cydnabod
acknowledgement *n.* cydnabyddiaeth *f.*
across *prep.* ar draws
act *n.* act/-au *f.; v.* actio
action *n.* gweithred *f. (deed);* hwyl *f. (fun)*
active *adj.* bywiog *(lively);* gweithgar *(working)*
activity *n.* gweithgaredd *m.*
actor *n.* actor *m.*
actress *n.* actores *f.*

adapt *v.* addasu
add *v.* adio, ychwanegu
address *n.* cyfeiriad *m. (house);* araith *f. (speech)*
adjective *n.* ansoddair *m.*
administration *n.* gweinyddiaeth *f.*
admire *v.* edmygu
adopt *v.* mabwysiadu
adult *n.* oedolyn *m.*
advance *v.* mynd ymlaen
advantage *n.* mantais *f.*
adventure *n.* antur *mf.*
advertise *v.* hysbysebu
advertisement *v.* hysbyseb *f.*
advice *n.* cyngor *m.*
aeroplane *n.* awyren *f.*
affect *v.* effeithio
afford *v.* fforddio
afraid *adj.* ofnus; **I'm afraid** Mae ofn arna i
Africa *n.* Affrica *f.*
African *n.* Affricanwr *m.* Affricanes *f.; adj.* Affricanaidd
after *prep.* ar ôl, wedi
afternoon *n.* prynhawn *m.*
again *adv.* eto
against *prep.* yn erbyn
age *n.* oed *m.*
agency *n.* asiantaeth *f.*
agent *n.* asiant *m.*
ago *adv.* yn ôl
agree *v.* cytuno
agreement *n.* cytundeb *m.*
ahead *adv.* ymlaen, ar y blaen *(in the lead)*
air *n.* awyr *f.;* **fresh ~** awyr iach
airport *n.* maes awyr *m.*
alarm *n.* larwm *m.*
alarm clock *n.* cloc larwm *m.*
alcohol *n.* alcohol *m.*

alike *adj.* tebyg
alive *adj.* byw
all *pron.* pawb
allergy *n.* alergedd *m.*
allow *v.* caniatáu
almost *adv.* bron
alone *adv.* ar ei ben ei hun *m.*; ar ei phen ei hun *f.*
alphabet *n.* gwyddor *f.*
already *adv.* yn barod, eisoes
also *adv.* hefyd
always *adv.* bob amser
amaze *v.* rhyfeddu
ambition *n.* uchelgais *m.*
ambulance *n.* ambiwlans *m.*
America *n.* America *f.*
American *n.* Americanwr *m.*; Americanes *f.*; *adj.* Americanaidd
among *prep.* ymhlith
amount *m.* swm *m.*
anchor *n.* angor *mf.*
ancient *adj.* hynafol
and *conj.* a + *ASP.M.*, ac (used before a vowel)
angel *n.* angel *m.*
anger *n.* dicter *m.*
angle *n.* ongl *f.*
angry *adj.* dig
animal *n.* anifail *m.*
ankle *n.* migwrn *m.*
anniversary *n.* blwyddiant *m.*
annual *adj.* blynyddol
another *adj.* arall
answer *n.* ateb *m.*
anxiety *n.* pryder *m.*
anxious *adj.* pryderus
any *adj.* unrhyw
anybody *n.* unrhyw un *mf.*
apart *prep.* ar wahân
apartment *n.* fflat *f.*
apologize *v.* ymddiheuro
appearance *n.* golwg *mf.*
appetite *n.* archwaeth *m.*
applaud *v.* cymeradwyo
apple *n.* afal *m.*
appliance *n.* teclyn *m.*
application *n.* cais *m.*

apply *v.* ymgeisio, gwneud cais
appointment *n.* apwyntiad *m.*
apprentice *n.* prentis *m.*
approach *v.* nesáu, dull *m.*
approve *v.* cymeradwyo
April *n.* Ebrill *m.*
Arab *n.* Arab *m.*; *adj.* Arabaidd
arch *n.* bwa *m.*
architecture *n.* pensaernïaeth *f.*
archive *n.* archif *mf.*
area *n.* arwynebedd *m.*, ardal *f.* (*region*)
argument *n.* dadl *f.*
arm *n.* braich *f.*
armchair *n.* cadair freichiau *f.*
armpit *n.* cesail *f.*
army *n.* byddin *f.*
around *prep.* o gwmpas
arrest *v.* restio
arrival *n.* dyfodiad *m.*
arrive *v.* cyrraedd
arrow *n.* saeth *f.*
art *n.* celfyddyd *f.*; celf *f.*
article *n.* erthygl *f.*
artificial *adj.* artiffisial
artist *n.* artist *m.*
as *conj.* fel
ash *n.* lludw *m.*, llwch *m.*
Asia *n.* Asia *f.*
ask *v.* gofyn
asleep *adv.* ynghwsg
assist *v.* cynorthwyo
assistant *n.* cynorthwywr *m.*, cynorthwywraig *f.*
association *n.* cymdeithas *f.*
assure *v.* sicrhau
at *prep.* ger, wrth + *S.M.*, yn (*in*) + *N.M.*
athlete *n.* athletwr *m.*
ATM *n.* peiriant arian *m.* twll yn y wal *m.*
attempt *v.* ceisio; *n.* ymdrech *f.*
attention *n.* sylw *m.*
attitude *n.* agwedd *f.*
attract *v.* denu
attractive *adj.* deniadol
August *n.* Awst *m.*
aunt *n.* modryb *f.*
Australia *n.* Awstralia *f.*

Austria n. Awstria f.
author n. awdur m., awdures f.
automatic adj. awtomatig
available adj. ar gael
average n. cyfartaledd m.
avoid v. osgoi
aware adj. ymwybodol
away adv. i ffwrdd
awful adj. ofnadwy

B

baby n. baban m.
baby-sit v. gwarchod
baby-sitter n. gofalwr m., gofalwraig f.
bachelor n. hen lanc m.
back adv. yn ôl; n. cefn m.
backbone n. asgwrn cefn m.
backpack n. sach gefn f.
backwards adv. tuag yn ôl
bacteria n. bacteria mpl.
bad adj. gwael, drwg
bag n. bag m.
baggage n. bagiau mpl.
bake v. pobi
baker n. pobydd m.
bald adj. moel
ball n. pêl f.
ballet n. bale m.
ballpoint pen n. beiro mf.
ban v. gwahardd; n. gwaharddiad m.
band n. band m.
bandage n. rhwymyn m.
bank n. banc m.
banker n. banciwr m.
baptism n. bedydd m.
baptize v. bedyddio
bar n. bar m.
barber n. barbwr m., torrwr gwallt m.
bard n. bardd m.
bare adj. noeth
barefoot adj. troednoeth
bargain n. bargen f.
barn n. ysgubor f.
basin n. basn m.

basket n. basged f.
bath n. bath m.
bathe v. ymdrochi
bathroom n. stafell ymolchi f.
bathtub n. bath m.
battery n. batri m.
bay n. bae m.
be v. bod
beach n. traeth m.
beard n. barf f.
beat v. curo; n. curiad m.
beautiful adj. prydferth
beauty n. prydferthwch m.
because conj. achos, oherwydd
become v. dod yn
bed n. gwely m.
bedroom n. stafell wely f.
bee n. gwenynen f.
beer n. cwrw m.
before prep. cyn
beg v. cardota
begin v. dechrau
beginner n. dechreuwr m.
beginning n. dechreuad m.
behave v. ymddwyn
behind prep. y tu ôl i
Belgium n. Gwlad Belg f.
belief n. cred f.
believe v. credu
bell n. cloch f.
belly n. bola m.
belong v. perthyn
belongings n. eiddo m.
below prep. dan + S.M.; adv. Isod
belt n. gwregys m.
bench n. mainc f.
benefit n. lles m.
beside prep. ger, wrth
best adj. gorau
bet v. betio
better adj. gwell
between prep. rhwng
beverage n. diod f.
beware inter. gofal
beyond prep. y tu hwnt i

bib n. bib m.
Bible n. Beibl m.
bicycle n. beic m.
big adj. mawr
bikini n. bicini m.
bilingual adj. dwyieithog
bill n. bil m.
billion num. biliwn mf.
bird n. aderyn m.
birth n. genedigaeth f.
birthday n. pen blwydd m.
bit n. darn m.; **a bit** adv. ychydig
bitter adj. chwerw
black adj. du
blade n. llafn mf.
blanket n. blanced mf.
bleed v. gwaedu
blend v. cymysgu
bless v. bendithio
blind adj. dall
blindness n. dallineb m.
blister n. pothell f.
block n. bloc m.
blond adj. golau
blood n. gwaed m.
blouse n. blows f.
blow v. chwythu
blue adj. glas
board n. bwrdd m.
boarding school n. ysgol breswyl f.
boat n. cwch m., bad m.
body n. corff m.
boil v. berwi
bolt n. bollt f.
bomb n. bom m.
bone n. asgwrn m.
book n. llyfr m.; v. archebu, cadw lle (*keep a room/ seat*)
bookshop n. siop lyfrau f.
boot n. cist f.
border n. ffin f.
born v. geni
boss n. bòs m.
both adv., pron. y ddau
bother v. poeni

bottle n. potel f.
bow n. bwa m.
bowl n. powlen f.
box n. blwch m.
bracelet n. breichled f.
bread n. bara m.
break v. torri
break down v. torri lawr
breakfast n. brecwast m.; **for ~** i frecwast
breast n. bron f.
breath n. anadl f.
breathe v. anadlu
breeze n. awel f.
bride n. priodferch f.
bridge n. pont f.
brief adj. byr, cryno
briefs n. pans m.
bright adj. disglair
bring v. dod â + ASP.M.
brother n. brawd m.
brother-in-law n. brawd yng nghyfraith m.
brown adj. brown
bruise n. clais m.
brush n. brwsh m.
bucket n. bwced m.
budget n. cyllideb f.
build v. adeiladu
building n. adeilad m.
bulb n. bwlb m.
bullet n. bwled f.
bunch n. tusw m.
burglar n. lleidr m.
burn v. llosgi
burst v. torri
bury v. claddu
bus n. bws m.
business n. busnes m.
busy adj. prysur
but conj. ond
butcher n. cigydd m.
button n. botwm m.
buy v. prynu
by prep. wrth + S.M.
bye-bye inter. hwyl fawr, pob hwyl

C

cable *n.* cebl *m.*
café *n.* caffi *m.*
cage *n.* cawell *m.*
cake *n.* teisen *f.*, cacen *f.*
calculate *v.* cyfrifo
calculator *n.* cyfrifiannell
calendar *n.* calendr *m.*
call *v.* galw; *n.* galwad *f.*
camera *n.* camera *m.*
camp *n.* gwersyll *m.*
can *v.* gallu; *n.* tun *m.*
Canada *n.* Canada *f.*
cancel *v.* dileu, canslo
cancer *n.* canser *m.*
candle *n.* cannwyll *f.*
candy *n.* losin *pl.*
canoe *n.* canŵ *m.*
cap *n.* cap *m.*
capable *adj.* galluog
capital *n.* prifddinas *f.*
captain *n.* capten *m.*
car *n.* car *m.*
card *n.* cerdyn *m.*
cardboard *n.* cardfwrdd *m.*
care *n.* gofal *m.*; *v.* gofalu
careful *adj.* gofalus
carpet *m.* carped
carry *v.* cario
carton *n.* carton *m.*
case *n.* cês *m.* (*bag*); achos *m.* (*law*)
cash *n.* arian *pl.*
cashier *n.* ariannwr *m.*
casino *n.* casino *m.*
castle *n.* castell *m.*
cat *n.* cath *f.*
catch *v.* dal
cathedral *n.* eglwys gadeiriol *f.*
Catholic *adj.* Catholig
caution *n.* gofal *m.*
cautious *adj.* gofalus
cave *n.* ogof *f.*
CD *n.* CD *m.*

CD player *n.* chwaraewr CD *m.*
ceiling *n.* nenfwd *m.*
celebrate *v.* dathlu
cell *n.* cell *f.*
cellar *n.* seler *f.*
cemetery *n.* mynwent *f.*
centimeter *n.* centimetr *m.*
central *adj.* canolog
centre *n.* canol *m.*
century *n.* canrif *f.*
ceremony *n.* seremoni *f.*
chain *n.* cadwyn *f.*
chair *n.* cadair *f.*
chance *n.* siawns *f.*
change *v.* newid; *n.* newid *m.*
chapter *n.* pennod *f.*
character *n.* cymeriad *m.*
charge *v.* codi tâl
chat *v.* sgwrsio; *n.* sgwrs *f.*
cheap *adj.* rhad
cheat *v.* twyllo
check *v.* gwirio, edrych (*look*)
cheek *n.* boch *f.*
Cheers! *inter.* lechyd da!
cheese *n.* caws *m.*
chemical *adj.* cemegol
chest *n.* brest *f.*
chew *v.* cnoi
child *n.* plentyn *m.*
childhood *n.* plentyndod *m.*
chin *n.* gên *f.*
choice *n.* dewis *m.*
choke *v.* tagu
choose *v.* dewis
Christian *n.* Cristion *m.*; *adj.* Cristnogol
Christianity *n.* Cristnogaeth *f.*
Christmas *n.* Nadolig *m.*; **Merry ~** Nadolig Llawen
church *n.* eglwys *f.*
cigar *n.* sigâr *f.*
cigarette *n.* sigarét *f.*
circle *n.* cylch *m.*
circus *n.* syrcas *m.*
citizen *n.* dinesydd *m.*
city *n.* dinas *f.*
civil *adj.* sifil

civilian n. dinesydd m.
civilization n. gwareiddiad m.
classic adj. clasurol
clean adj. glân
clear adj. clir
clever adj. clyfar
client n. cleient m.
cliff n. clogwyn m.
climate n. hinsawdd f.
climb v. dringo
clinic n. clinig m.
clock n. cloc m.
close v. cau
closed adv. ar gau
cloth n. lliain m.
clothes n. dillad pl.
cloud n. cwmwl m.
coast n. arfordir m.
coat n. cot f.
coffee n. coffi m.
coffee shop n. siop goffi f.
coffin n. arch f.
coin n. darn arian m.
cold adj. oer
collect v. casglu
collection n. casgliad m.
college n. coleg m.
colour n. lliw m.
column n. colofn f.
comb n. crib f.
come v. dod
comfort n. cysur m.
comfortable adj. cysurus
comment n. sylw m.
committee n. pwyllgor m.
common. adj. cyffredin
communicate v. cyfathrebu
company n. cwmni m.
compare v. cymharu
compass n. cwmpawd m.
competition n. cystadleuaeth f.
complain v. cwyno
complaint n. cwyn mf.
complete v. cwblhau; adj. cyflawn
compose v. cyfansoddi

composer n. cyfansoddwr m.
comprehensive adj. cyfun, cyflawn; ~ **school** ysgol gyfun
computer n. cyfrifiadur m.
concern n. pryder m., gofal m.
concert n. cyngerdd mf.
concrete n. concrit; adj. pendant
condemn v. condemnio
condition n. cyflwr m. amod mf. (term)
condolences n. cydymdeimlad m.
condom n. condom m.
conductor n. arweinydd m.
confess v. cyfaddef
confidence n. hyder m.
confirm v. cadarnhau
conflict v., n. gwrthdaro
confuse v. cymysgu
congratulate v. llongyfarch
congratulations inter. llongyfarchiadau
connect v. cysylltu
consequence n. canlyniad m.
consider v. ystyried
consonant n. cytsain f.
contact v. cysylltu
contagious adj. heintus
contain v. cynnwys
container n. cynhwysydd m.
content adj. bodlon
continent n. cyfandir m.
continue v. parhau
contract n. cytundeb m., contract m.
control v. rheoli
convent n. cwfaint m.
conversation n. sgwrs f.
convert v. trosi
cook v. coginio; n. cogydd m., cogyddes f.
cool adj. oer, oerllyd
copy v. copïo; n. copi m.
Cordially inter. Yn gywir
core n. craidd m.
cork n. corc m.
corner n. cornel mf.
correct adj. cywir; v. cywiro
correction n. cywiriad m.
correspondence n. gohebiaeth f.

cost *n.* cost *f.*; *v.* costio
cot *n.* cot *m.*
cotton *n.* cotwm *m.*
couch *n.* soffa *f.*
cough *v.* pesychu; *n.* peswch *m.*
count *v.* cyfrif
counter *n.* cownter *m.*
country *n.* gwlad *f.*
couple *n.* pâr *m.*
course *n.* cwrs *m.*
court *n.* llys *m.*
cousin *n.* cefnder *m.*, cyfnither *f.*
cover *n.* clawr *m.*; *v.* gorchuddio
cow *n.* buwch *f.*
cradle *n.* crud *m.*
craft *n.* crefft *f.*
craftsman *n.* crefftwr *m.*
crash *n.* gwrthdrawiad *m.*; *v.* crasio
crawl *v.* cropian
cream *n.* hufen *m.*
create *v.* creu
credit *n.* credyd *m.*; ~ **card** *n.* cerdyn credyd *m.*
crew *n.* criw *m.*
crime *n.* trosedd *mf.*
criticism *n.* beirniadaeth *f.*
criticize *v.* beirniadu
cross *n.* croes *f.*; *v.* croesi; *adj.* dig
crumb *n.* briwsionyn *m.*
crumble *v.* chwalu
cry *v.* crio, llefain, wylo
culture *n.* diwylliant *m.*
cup *n.* cwpan *mf.*
cupboard *n.* cwpwrdd *m.*
cure *n.* gwellhad *m.*
curious *adj.* chwilfrydig
curl *n.* cyrl *m.*
currency *n.* arian *pl.*
current *adj.* cyfredol, presennol
curtain *n.* llen *f.*
curve *n.* tro *m.*
cushion *n.* clustog *f.*
custom *n.* arfer *mf.*
customer *n.* cwsmer *m.*
cut *v.* torri; *n.* cwt *m.*, toriad *m.*

D

dad *n.* dad *m.*
daily *adj.* dyddiol
damage *n.* niwed *m.*
damp *adj.* llaith
dance *n.* dawns *f.*; *v.* dawnsio
danger *n.* perygl *m.*
dangerous *adj.* peryglus
dare *v.* mentro
dark *adj.* tywyll
darkness *n.* tywyllwch *m.*
date *n.* dyddiad *m.*
daughter *n.* merch *f.*
daughter-in-law *n.* merch yng nghyfraith *f.*
dawn *n.* gwawr *f.*
day *n.* dydd *m.*, diwrnod *m.*
daycare *n.* gofal dydd *m.*
dead *adj.* marw
deadly *adj.* marwol, angheuol
deaf *adj.* byddar
deal *v.* delio; *n.* bargen *f.*
dealer *n.* deliwr *m.*
dear *adj.* annwyl
death *n.* marwolaeth *f.*
debt *n.* dyled *f.*
deceive *v.* twyllo
December *n.* Rhagfyr *m.*
decide *v.* penderfynu
decision *n.* penderfyniad *m.*
declare *v.* cyhoeddi
decorate *v.* addurno
deep *adj.* dwfn
defect *n.* nam *m.*
defend *v.* amddiffyn
define *v.* diffinio
degree *n.* gradd *f.*
delay *v.* oedi
delete *v.* dileu
delicious *adj.* blasus
deliver *v.* dosbarthu
demand *v.* hawlio
democracy *n.* democratiaeth *f.*
demonstration *n.* gwrthdystiad *m.*

dentist *n.* deintydd *m.*
depart *v.* ymadael, gadael
depend *v.* dibynnu
deposit *n.* ernes *m.*
depression *n.* iselder *m.*
depth *n.* dyfnder *m.*
descend *v.* disgyn
describe *v.* disgrifio
desert *n.* anialwch *m.*
deserve *v.* haeddu
desire *n.* dymuniad *m.*; *v.* dymuno
desk *n.* desg *f.*
dessert *n.* pwdin *m.*
destroy *v.* distrywio, dinistrio
detail *n.* manylyn *m.*
detective *n.* ditectif *m.*
develop *v.* datblygu
devil *n.* diawl *m.*, diafol *m.*
dew *n.* gwlith *m.*
diabetes *n.* clefyd siwgr *m.*
dial *v.* deialu; *n.* deial *m.*
dialect *n.* tafodiaith *f.*
diamond *n.* diemwnt *m.*
diary *n.* dyddiadur *m.*
dictionary *n.* geiriadur *m.*
die *v.* marw
diet *n.* deiet, diet *m.*
difference *n.* gwahaniaeth *m.*
different *adj.* gwahanol
difficult *adj.* anodd, caled
difficulty *n.* anhawster *m.*
digital *adj.* digidol; ~ **camera** camera digidol *m.*
dimension *n.* dimensiwn *m.*
dine *v.* bwyta, ciniawa
dining room *n.* stafell fwyta *f.*
dinner *n.* cinio *mf.*
direct *adj.* uniongyrchol, syth
direction *n.* cyfeiriad *m.*
director *n.* cyfarwyddwr *m.*
dirt *n.* baw *m.*
dirty *adj.* brwnt, budr
disagree *v.* anghytuno
disagreement *n.* anghytundeb *m.*
disappear *v.* diflannu
disappointment *n.* siom *mf.*

disaster *n.* trychineb *mf.*
discipline *n.* disgyblaeth *f.*; *v.* disgyblu
discount *n.* disgownt *m.*
discover *v.* darganfod
discuss *v.* trafod
disease *n.* haint *mf.*, clefyd *m.*
dish *n.* dysgl *f.*
disk *n.* disg *m.*
dislike *v.* ddim yn hoffi
distance *n.* pellter *m.*
distinct *adj.* pendant, arbennig
distribute *v.* dosbarthu
disturb *v.* tarfu ar + *S.M.*
ditch *n.* ffos *f.*
dive *v.* plymio
diver *n.* plymiwr *m.*
divide *v.* rhannu
divorce *n.* ysgariad *m.*; *v.* ysgaru
do *v.* gwneud
doctor *n.* doctor *m.*, meddyg *m.*
dog *n.* ci *m.*
doll *n.* dol *f.*
dollar *n.* doler *m.*
donkey *n.* asyn *m.*
door *n.* drws *m.*
dose *n.* dos *f.*
dot *n.* dot *m.*
double *v.* dyblu
doubt *n.* amheuaeth *f.*
dough *n.* toes *m.*
down *adv.* lawr
dozen *n.* dwsin *m.*
drama *n.* drama *f.*
draught *n.* drafft *m.*; awel *f*
draw *v.* tynnu
drawing *n.* darlun *m.*
dream *n.* breuddwyd *m.*, breuddwydio *v.*
dress *n.* gwisg *f.*; *v.* gwisgo
drink *n.* diod *f.*; *v.* yfed
drive *v.* gyrru
driver *n.* gyrrwr *m.*
driver's licence *n.* trwydded yrru *f.*
drop *v.* gollwng
drown *v.* boddi
drug *n.* cyffur *m.*

drunk *adj.* meddw, wedi meddwi
dry *v.* sychu; *adj.* sych
dryer *n.* sychwr *m.*
due *adj.* dyledus
dumb *adj.* mud
during *prep.* yn ystod
dusk *n.* cyfnos *m.*
dust *n.* llwch *m.*
duty *n.* dyletswydd *mf.*
dye *v.* lliwio

E

each *adj.* pob
ear *n.* clust *f.*
early *adj.* cynnar
earn *v.* ennill
earring *n.* clustdlws *m.*
earth *n.* daear *f.*
easily *adv.* yn hawdd
east *n.* dwyrain *m.*
Easter *n.* y Pasg *m.*
easy *adj.* hawdd
eat *v.* bwyta
economy *n.* economi *mf.*
edge *n.* ymyl *f.*
educate *v.* addysgu
education *n.* addysg *f.*
effect *n.* effaith *f.*
effort *n.* ymdrech *f.*
egg *n.* wy *m.*; **boiled ~** wy wedi'i ferwi; **fried ~** wy wedi'i ffrio
eight *num.* wyth
either ... or *conj.* naill ai ... neu
elastic *n.* elastig *m.*
elbow *n.* penelin *mf.*
electric *adj.* trydanol
electrician *n.* trydanwr *m.*
electricity *n.* trydan *m.*
elegant *adj.* gosgeiddig
eleven *num.* un deg un, un ar ddeg
else *adj.* arall
email *n.* e-bost *m.*
embarrass *v.* codi gwrid
emergency *n.* argyfwng *m.*

emigrate *v.* allfudo
employee *n.* gweithiwr *m.*
employer *n.* cyflogwr *m.*
empty *adj.* gwag
enclose *v.* amgáu
end *v.* gorffen; *n.* diwedd *m.*
endless *adj.* diddiwedd
enemy *n.* gelyn *m.*
energetic *adj.* egnïol
energy *n.* egni *m.*, ynni *m.*
engage *v.* dyweddïo
engine *n.* peiriant *m.*
engineer *n.* peiriannydd *m.*
England *n.* Lloegr *f.*
English *n.* Saesneg *f.* (*language*); *adj.* Seisnig
Englishman *n.* Sais *m.*
Englishwoman *n.* Saesnes *f.*
enjoy *v.* mwynhau
enjoyment *n.* mwynhad *m.*
enlarge *v.* mwyhau, helaethu
enormous *adj.* enfawr
enough *adj.* digon; **~ food** digon o fwyd
enter *v.* mynd i mewn
entertain *v.* diddanu
enthusiasm *n.* brwdfrydedd *m.*
entire *adj.* cyfan
entrance *n.* mynedfa *f.* (*door*); mynediad *m.*
envelope *n.* amlen *f.*
environment *n.* amgylchedd *m.*
equal *adj.* cyfartal
equipment *n.* offer *mpl.*
era *n.* cyfnod *m.*
error *n.* camsyniad *m.*
escalator *n.* lifft *m.*
escape *v.* ffoi, dianc
especially *adv.* yn enwedig
essential *adj.* angenrheidiol
establish *v.* sefydlu
estate *n.* ystad *f.*
estimate *v.* amcangyfrif
euro *n.* ewro *m.*
Europe *n.* Ewrop *f.*
European *adj.* Ewropeaidd; *n.* Ewropead *m.*
European Union *n.* Yr Undeb Ewropeaidd
evacuate *v.* gwacáu

evaluate *v.* gwerthuso
even *adj.* gwastad; *adv.* hyd yn oed
evening *n.* noswaith *f.*
event *n.* digwyddiad *m.*
ever *adv.* erioed
every *adj.* pob
everybody *n./pron.* pawb
everyday *adj.* cyffredin, pob dydd
evidence *n.* tystiolaeth *f.*
exact *adj.* union
exaggerate *v.* gorliwio
examination *n.* arholiad *m.*
examine *v.* arholi
example *n.* enghraifft *f.*
excellent *adj.* ardderchog
except *prep.* ac eithrio, heblaw
exception *n.* eithriad *m.*
exchange *v.* cyfnewid
excite *v.* cyffroi
excitement *n.* cyffro *m.*
exclude *v.* cau allan
excursion *n.* gwibdaith *f.*
excuse *n.* esgus *m.*; *v.* esgusodi
exercise *n.* ymarfer *m.*; *v.* ymarfer
exhaust *n.* egsôst *m.*
exhibit *v.* arddangos
exhibition *n.* arddangosfa *f.*
exist *v.* bodoli
existence *n.* bodolaeth *f.*
exit *n.* allanfa *f.*
expect *v.* disgwyl
expel *v.* taflu allan
expensive *adj.* drud
experience *n.* profiad *m.*
expert *n.* arbenigwr *m.*
expire *v.* dod i ben
explain *v.* esbonio
explanation *n.* esboniad *m.*
express *v.* mynegi; cyflym *adj.*
external *adj.* allanol
extinguish *v.* diffodd
extinguisher *n.* diffoddwr *m.*
extra *adj.* ychwanegol
extract *v.* tynnu allan; *n.* darn *m.*
extraordinary *adj.* arbennig

extreme *adj.* eithafol
eye *n.* llygad *m.*
eyebrow *n.* ael *f.*

F

fabric *n.* defnydd *m.*
face *n.* wyneb *m.*
fail *v.* methu
failure *n.* methiant *m.*
faint *v.* llewygu
fair *adj.* teg; ~ **play** chwarae teg
faith *n.* ffydd *f.*
faithful *adj.* ffyddlon
fall *v.* syrthio, cwympo
false *adj.* ffug
family *n.* teulu *m.*
famous *adj.* enwog
fan *n.* cefnogwr *m.* (*supporter*), gwyntyll *m.* (*air*)
far *adj.* pell
farm *n.* fferm *f.*
farmer *n.* ffermwr *m.*
fashion *n.* ffasiwn *m.*
fast *adj.* cyflym
fasten *v.* clymu (*tie*), cyflymu (*speed*)
fat *adj.* tew
father *n.* tad *m.*
father-in-law *n.* tad yng nghyfraith *m.*
fault *n.* bai *m.*
favour *n.* ffafr *f.*
favourite *adj.* hoff; *n.* ffefryn
fear *n.* ofn *m.*
February *n.* Chwefror *m.*
fee *n.* ffi *f.*
feed *v.* bwydo
feel *v.* teimlo
feeling *n.* teimlad *m.*
female *adj.* benywaidd; *n.* benyw *f.*
feminine *adj.* benywaidd
fence *n.* ffens *f.*
ferry *n.* fferi *f.*
festival *n.* gŵyl *f.*
fever *n.* twymyn *mf.*
few *pron.* ychydig
field *n.* cae *m.*

fifteen *num.* pymtheg, un deg pump
fight *v.* ymladd
fill *v.* llenwi, llanw
film *n.* ffilm *f.*; ffilmio *v.*
filter *n.* hidlydd *m.*
filthy *adj.* brwnt
final *adj.* terfynol
financial *adj.* ariannol
find *v.* canfod, ffeindio
fine *adj.* braf
finger *n.* bys *m.*
finish *v.* gorffen
fire *n.* tân *m.*
fireman *n.* dyn tân *m.*
fireplace *n.* lle tân *m.*
fireworks *n.* tân gwyllt *m.*
firm *adj.* cadarn
first *adj.* cynta
fish *n.* pysgodyn *m.*
fisherman *n.* pysgotwr *m.*
fist *n.* dwrn *m.*
fit *v.* ffitio
five *num.* pump
fix *v.* glynu
flag *n.* baner *f.*
flame *n.* fflam *f.*
flash *v.* fflachio
flat *adj.* gwastad
flavour *n.* blas *m.*
flight *n.* hediad *m.*
float *v.* arnofio
flood *n.* llifogydd *pl.*
floor *n.* llawr *m.*
florist *n.* gwerthwr blodau *m.*
flour *n.* blawd *m.*
flow *v.* llifo
flower *n.* blodyn *m.*
flu *n.* ffliw *m.*
fluently *adv.* yn rhugl
fly *v.* hedfan
fog *n.* niwl *m.*
fold *v.* plygu
folk *n.* gwerin *f.*
follow *v.* dilyn
food *n.* bwyd *m.*

fool *n.* ffŵl *m.*
foot *n.* troed *f.*
football *n.* pêl-droed *f.*
for *prep.* am, i
forbid *v.* gwahardd
force *n.* grym *m.*
forehead *n.* talcen *m.*
foreign *adj.* estron, tramor
foreigner *n.* estronwr *m.*; tramorwr *m.*
forest *n.* fforest *f.*, coedwig *f.*
forever *adv.* am byth
forget *v.* anghofio
forgive *v.* maddau
fork *n.* fforc *f.*
form *n.* ffurf *f.*; *v.* ffurfio
formal *adj.* ffurfiol
former *adj.* cyn-
fortnight *n.* pythefnos *m.*
four *num.* pedwar *m.*; pedair *f.*
fragile *adj.* bregus
frame *n.* ffrâm *f.*
France *n.* Ffrainc *f.*
free *adj.* rhydd
freedom *n.* rhyddid *m.*
freeze *v.* rhewi
freezer *n.* rhewgell *f.*
French *adj.* Ffrengig; *n.* Ffrangeg *f.*
Frenchman *n.* Ffrancwr *m.*
Frenchwoman *n.* Ffrances *f.*
frequent *adv.* aml
fresh *adj.* ffres
Friday *n.* Gwener *m.*, dydd Gwener
friend *n.* ffrind *m.*, cyfaill *m.*, cyfeilles *f.*
friendly *adj.* cyfeillgar
friendship *n.* cyfeillgarwch *m.*
frog *n.* broga *m.*, llyffant *m.*
from *prep.* o + *S.M.*, oddi wrth + *S.M.* (*letter*)
front *n.* blaen *m.*
fruit *n.* ffrwyth *m.*
fry *v.* ffrio
frying pan *n.* padell ffrio *f.*
fuel *n.* tanwydd *m.*
full *adj.* llawn; ~ **time** amser llawn
fun *n.* hwyl *f.*
funeral *n.* angladd *mf.*

funny *adj.* doniol
fur *n.* ffwr *m.*
furniture *n.* celfi *mpl.*
future *n.* dyfodol *m.*

G

gallery *n.* oriel *f.*
gallon *n.* galwyn *m.*
game *n.* gêm *f.*
gap *n.* bwlch *m.*
garage *n.* garej *mf.*, modurdy *m.*
garbage *n.* sbwriel *m.*
garden *n.* gardd *f.*
gardener *n.* garddwr *m.*
garlic *n.* garlleg *fpl.*
gas *n.* nwy *m.*
gate *n.* gât *f.*, clwyd *f.*
gather *v.* casglu
gay *adj.* hapus, hoyw
geography *n.* daearyddiaeth *f.*
germ *n.* germ *m.*
German *n.* Almaeneg *f.*; *adj.* Almaenig ; Almaenwr *m.*
    Almaenes *f.*
Germany *n.* Yr Almaen *f.*
get *v.* cael
gift *n.* anrheg *f.*, rhodd *f.*
girl *n.* merch *f.*
give *v.* rhoi, rhoddi
glad *adj.* balch
glass *n.* gwydryn *m.*
glasses *n.* sbectol *f.*
glove *n.* maneg *f.*
glue *n.* glud *m.*
go *v.* mynd
goal *n.* gôl *f.*
goat *n.* gafr *f.*
God *n.* Duw *m.*
godfather *n.* tad bedydd *m.*
godmother *n.* mam fedydd *f.*
gold *n.* aur *m.*
good *adj.* da
goodbye *inter.* hwyl fawr
goods *n.* nwyddau *pl.*
government *n.* llywodraeth *f.*

graduate *v.* graddio
gram *n.* gram *m.*
grammar *n.* gramadeg *mf.*
grandchild *n.* ŵyr *m.*
granddaughter *n.* wyres *f.*
grandfather *n.* tad-cu *m. (S.W.)*, taid *m. (N.W.)*
grandmother *n.* mam-gu *f. (S.W.)*, nain *f. (N.W.)*
grandson *n.* ŵyr *m.*
grant *n.* grant *m.*; *v.* rhoi
grape *n.* grawnwin *pl.*
grass *n.* glaswellt *pl.*, porfa *f.*
grave *n.* bedd *m.*
gravestone *n.* carreg fedd *f.*
graveyard *n.* mynwent *f.*
great *adj.* mawr
Great Britain *n.* Prydain Fawr *f.*
green *adj.* gwyrdd
greet *v.* cyfarch
grey *adj.* llwyd
grief *n.* galar *m.*
grill *v.* grilio
grind *v.* malu
grocer *n.* groser *m.*
grocery store *n.* siop groser *f.*
ground *n.* tir *m.*
group *n.* grŵp *m.*
grow *v.* tyfu
grown-up *n.* oedolyn *m.*
growth *n.* twf *m.*
guarantee *n.* gwarant *m.*; *v.* gwarantu
guard *v.* gwarchod
guess *v.* dyfalu
guide *v.* tywys; *n.* tywysydd *m.*
guilt *n.* euogrwydd *m.*
guilty *adj.* euog
gum *n.* gwm *m.*
gun *n.* dryll *m.*
gutter *n.* gwter *mf.*

H

hail *n.* cesair; *v.* bwrw cesair
hair *n.* gwallt *pl.*
haircut *n.* toriad gwallt *m.*
hairdresser *n.* trinydd gwallt *m.*

half *n.* hanner *m.*
hall *n.* neuadd *f.*
Halloween *n.* Calan Gaeaf *m.*
ham *n.* ham *m.*
hammer *n.* morthwyl *m.*
hand *n.* llaw *f.*
handful *n.* llond llaw *m.*
handicap *n.* anfantais *f.*
handle *v.* trin; *n.* dolen *f.*
handy *adj.* hwylus
hang *v.* hongian
hangover *n.* pen mawr *m.*
happen *v.* digwydd
happiness *n.* hapusrwydd *m.*
happy *adj.* hapus
harass *v.* poeni
harbour *n.* harbwr *m.*; porthladd *m.*
hard *adj.* caled, anodd (*difficult*)
harm *v.* niweidio; *n.* niwed *m.*
harp *n.* telyn *f.*
harvest *n.* cynhaeaf *m.*
hat *n.* het *f.*
hate *n.* casineb *m.*; *v.* casáu
have *v.* cael (*obtain*), mae … gan (*possess*)
hay *n.* gwellt *pl.*
hay fever *n.* twymyn y gwair *mf.*
hazard *n.* perygl *m.*
he *pron.* fe, ef
head *n.* pen *m.*
headache *n.* pen tost *m.* (*S.W.*), cur pen *m.* (*N.W.*)
headlight *n.* prif olau *m.*
headline *n.* pennawd *m.*
headquarters *n.* pencadlys *m.*
heal *v.* gwella
health *n.* iechyd *m.*
healthy *adj.* iach
hear *v.* clywed
hearing *n.* clyw *m.*
heart *n.* calon *f.*
heat *n.* gwres *m.*
heater *n.* gwresogydd *m.*
heaven *n.* nefoedd *f.*, nef *f.*
heavy *adj.* trwm
heel *n.* sawdl *mf.*
height *n.* uchder *m.*; taldra *m.* (*of person*)

helicopter *n.* hofrennydd *m.*
hell *n.* uffern *f.*
Hello *inter.* Helô, Shwmae
help *n.* help *m.*, cymorth *m.*; *v.* helpu
her *pron.* hi; *poss. pron.* ei + *ASP.M.*
herb *n.* perlysieuyn *m.*
here *adv.* yma
hesitate *v.* petruso
Hi! *inter.* Shwmae!
hide *v.* cuddio
high *adj.* uchel; *n.* ~ **school** ysgol uwchradd *f.* ; ~ **five** pawen lawen
highway *n.* priffordd *f.*
hike *v.* heicio
hill *n.* bryn *m.*
him *pron.* fe, ef
hip *n.* clun *f.*
hire *v.* llogi, hurio
historic *adj.* hanesyddol
history *n.* hanes *m.*
hit *v.* taro
hold *v.* dal
hole *n.* twll *m.*
holiday *n.* gwyliau *pl.*
holy *adj.* sanctaidd
home *n.* cartref *m.*; *adv.* adref; **at** ~ gartref
homeland *n.* mamwlad *f.*
homesickness *n.* hiraeth *m.*
homework *n.* gwaith cartref *m.*
honey *n.* mêl *m.*
hook *n.* bachyn *m.*; *v.* bachu
hope *n.* gobaith *m.*; *v.* gobeithio
horn *n.* corn *m.*
hornet *n.* cacynen *f.*
horse *n.* ceffyl *m.*
hospital *n.* ysbyty *m.*
host *n.* gwestai *m.*; gwestywr *m.*
hot *adj.* poeth
hotel *n.* gwesty *m.*
hour *n.* awr *f.*
house *n.* tŷ *m.*
how *interrog.* sut
hug *v.* cofleidio
human *adj.* dynol
hundred *num.* cant

hunger *n.* newyn *m.*
hungry *adj.* chwant bwyd *m.;* **I'm ~** mae chwant
    bwyd arna i
hunt *v.* hela; *n.* helfa *f.*
hurricane *n.* corwynt *m.*
hurry *v.* brysio
hurt *v.* brifo
husband *n.* gŵr *m.*
hygiene *n.* glendid *m.*, hylendid *m.*
hygienic *adj.* hylan
hyphen *n.* cyplysnod *m.*

I

I *pron.* fi, i, mi
ice *n.* iâ *m.;* **~ cream** hufen iâ *m.;* **~ hockey** hoci iâ
icy *adj.* rhewllyd
idea *n.* syniad *m.*
ideal *adj.* delfrydol
identical *adj.* tebyg, yr un fath
identify *v.* adnabod
identity *n.* hunaniaeth *f.;* **~ card** cerdyn adnabod
idiot *n.* ffŵl *m.*
if *conj.* os
ignition *n.* peiriant tanio *m.* *(car)*
ignore *v.* anwybyddu
ill *adj.* sâl
illegal *adj.* anghyfreithlon
illness *n.* salwch *m.*
image *n.* delwedd *f.*
imagination *n.* dychymyg *m.*
imagine *v.* dychmygu
imitate *v.* efelychu
immediately *adv.* ar unwaith
import *v.* mewnforio
importance *n.* pwysigrwydd *m.*
important *adj.* pwysig
impossible *adj.* amhosibl
in *prep.* yn + *N.M.* (+ *definite noun*), mewn (+
    indefinite noun)
inch *n.* modfedd *f.*
incline *v.* tueddu; *n.* rhiw *f.*
include *v.* cynnwys
income *n.* incwm *m.*
increase *v.* cynyddu; *n.* cynnydd *m.*

index *n.* mynegai *m.*
indicate *v.* nodi
indifferent *adj.* di-hid
indigestion *n.* diffyg traul *m.*
industry *n.* diwydiant *m.*
infect *v.* heintio
infection *n.* haint *mf.*
inform *v.* rhoi gwybod
information *n.* gwybodaeth *f.*
inhabitant *n.* trigolyn *m.*
initial *adj.* cychwynnol
injure *v.* niweidio
injury *n.* niwed *m.*, anaf *m.*
ink *n.* inc *m.*
inn *n.* tafarn *mf.*
innocent *adj.* diniwed
inquire *v.* holi
insect *n.* trychfilyn *m.*
inside *prep.* y tu mewn i + *S.M.;* *adv.* y tu mewn
insist *v.* mynnu
inspect *v.* archwilio
inspector *n.* arolygydd *m.*
install *v.* gosod i mewn
instead of *prep.* yn lle
instrument *n.* offeryn *m.*
insult *v.* sarhau; *n.* sarhad *m.*
insurance *n.* yswiriant *m.*
insure *v.* yswirio
intelligence *n.* deallusrwydd *m.*
interest *n.* diddordeb *m.;* llog *m.* *(finance)*
interesting *adj.* diddorol
interior *n.* y tu mewn *m.;* *adj.* mewnol
international *adj.* rhyngwladol
internet *n.* rhyngrwyd *m.*
interpret *v.* dehongli
interview *v.* cyf-weld; *n.* cyfweliad *m.*
into *prep.* i mewn i + *S.M.*
intoxicated *adj.* meddw
introduce *v.* cyflwyno
invent *v.* dyfeisio
invention *n.* dyfais *f.*
investigate *v.* ymchwilio, archwilio
invitation *n.* gwahoddiad *m.*
invite *v.* gwahodd
iron *n.* haearn

ironing board *n.* bwrdd smwddio *m.*

Islam *n.* Islam *m.*

island *n.* ynys *f.*

isolate *v.* ynysu

issue *v.* rhoi, cyhoeddi (*publish*)

it *pron.* ef *m.*, hi *f.*

Italy *n.* Yr Eidal *f.*

Italian *adj.* Eidalaidd; *n.* Eidalwr *m.*, Eidales *f.*, Eidaleg *f.* (*language*)

itch *v.* cosi

item *n.* eitem *f.*

J

jacket *n.* siaced *f.*

jail *n.* carchar *m.*

jam *n.* jam *m.*

January *n.* Ionawr *m.*

jar *n.* jar *m.*

jealous *adj.* eiddigeddus

jeans *n.* jîns *pl.*

jelly *n.* jeli *m.*; ~ **fish** slefren fôr

jet *n.* jet *f.*

Jew *n.* Iddew *m.*, Iddewes *f.*

jewel *n.* gem *mf.*

jeweller *n.* gemydd *m.*

jewellery *n.* gemwaith *m.*

Jewish *adj.* Iddewig

job *n.* swydd *f.* (*employment*), tasg *f.* (*task*)

jog *v.* loncian

join *v.* ymuno

joint *n.* cymal *m.*; *adj.* cyd-

joke *n.* jôc *f.*; *v.* smalio

journal *n.* cylchgrawn *m.*

journey *n.* taith *f.*

joy *n.* llawenydd *m.*

judge *n.* barnwr *m.*; *v.* barnu

judgement *n.* barn *f.*

juice *n.* sudd *m.*

July *n.* Gorffennaf *m.*

jump *n.* neidio

June *n.* Mehefin *m.*

just *adv.* dim ond

justice *n.* cyfiawnder *m.*

K

keep *v.* cadw

kettle *n.* tegell *m.*

key *n.* allwedd *f.* (*S.W.*), (a)goriad *m.* (*N.W.*)

keyhole *n.* twll clo *m.*

kid *n.* plentyn *m.*

kidney *n.* aren *f.*

kill *v.* lladd

killer *n.* llofrudd *m.*

kilo *n.* cilo *m.*

kilometer *n.* cilometr *m.*

kind *adj.* caredig; *n.* math *m.*

kindergarten *n.* cylch chwarae *m.*

kindness *n.* caredigrwydd *m.*

king *n.* brenin *m.*

kingdom *n.* teyrnas *f.*

kiss *v.* cusanu; *n.* cusan *f.*

kitchen *n.* cegin *f.*

knee *n.* pen-lin *mf.*

knife *n.* cyllell *f.*

knit *v.* gwau

knock *v.* curo

knot *n.* cwlwm *m.*; *v.* clymu

know *v.* gwybod (*fact*), adnabod (*person, place*)

knowledge *n.* gwybodaeth *f.*

L

label *n.* label *mf.*

laboratory *n.* labordy *m.*

lack *n.* diffyg *m.*

ladder *n.* ysgol *f.*

lake *n.* llyn *m.*

lamp *n.* lamp *f.*

land *n.* tir *m.*

landlord *n.* landlord *m.*

landscape *n.* tirlun *m.*

lane *n.* lôn *f.*

language *n.* iaith *f.*

laptop *n.* gliniadur *m.*

large *adj.* mawr

last *adj.* olaf, diwetha; *v.* parhau

late *adj.* hwyr, diweddar

later *adj.* hwyrach
laugh *v.* chwerthin; *n.* chwarddiad *m.*
laundry *n.* londri *m.*, golch *mf.*
law *n.* cyfraith *f.*
lawful *adj.* cyfreithlon
lawn *n.* lawnt *f.*
lawyer *n.* cyfreithiwr *m.*
lay *v.* gosod, dodwy (*egg*)
lazy *adj.* diog
lead *v.* arwain
leader *n.* arweinydd *m.*
leaf *n.* deilen *f.*
leak *v.* gollwng
lean *v.* pwyso; *adj.* tenau
leap *v.* neidio; ~ **year** blwyddyn naid
learn *v.* dysgu
lease *v.* llogi; *n.* les *m.*
least *adj.* lleiaf; **at** ~ o leiaf
leather *n.* lledr *m.*
leave *v.* gadael
lecture *n.* darlith *f.*
leek *n.* cenhinen *f.*
left *adj.* chwith
leg *n.* coes *f.*
legal *adj.* cyfreithiol, cyfreithlon (*lawful*)
legend *n.* chwedl *f.*
leisure *n.* hamdden *mf.*
lemon *n.* lemwn *m.*
lend *v.* benthyg
length *n.* hyd *m.*
lens *n.* lens *m.*
Lent *n.* Y Grawys *m.*
less *adj.* llai
lesson *n.* gwers *f.*
let *v.* gadael (*allow*), llogi (*hire*); rhentu (*rent*)
letter *n.* llythyr *m.*, llythyren *f.* (*alphabet*)
liar *n.* celwyddgi *m.*
liberty *n.* rhyddid *m.*
librarian *n.* llyfrgellydd *m.*
library *n.* llyfrgell *f.*
license *n.* trwydded *f.*
lie *n.* celwydd *m.*; *v.* celwydda (*untruth*), gorwedd (*rest*)
life *n.* bywyd *m.*; ~ **jacket** siaced achub
lift *v.* codi; *n.* lifft *m.*

light *n.* golau *m.*
lightning *n.* mellten *f.*
like *v.* hoffi
limp *v.* cloffi; *adj.* llipa
line *n.* llinell *f.*
linen *n.* lliain *m.*
link *n.* cyswllt *m.*; *v.* cysylltu
lip *n.* gwefus *f.*
lipstick *n.* minlliw *m.*
liquid *n.* hylif *m.*
list *n.* rhestr *f.*
listen *v.* gwrando
literature *n.* llenyddiaeth *f.*
litre *n.* litr *m.*
litter *n.* sbwriel *m.*
little *adj.* bach
live *v.* byw
living room *n.* stafell fyw *f.*
loaf *n.* torth *f.*
loan *n.* benthyciad *m.*; *v.* benthyca, benthyg
lobby *n.* cyntedd *m.*
local *adj.* lleol
lock *v.* cloi; *n.* clo *m.*
log *n.* boncyff *m.* (*tree*), log *m.* (*record*); *v.* logio (*computer*)
loneliness *n.* unigrwydd *m.*
lonely *adj.* unig
long *adj.* hir
look *v.* edrych
lose *v.* colli
loss *n.* colled *f.*
lost *adj.* ar goll
loud *adj.* uchel
lounge *n.* lolfa *f.*
love *v.* caru; *n.* cariad *m.*
low *adj.* isel
luck *n.* lwc *f.*; **good** ~ pob lwc
luggage *n.* bagiau *pl.*
lunch *n.* cinio *mf.*
lung *n.* ysgyfaint *m.*
luxurious *adj.* moethus
luxury *n.* moeth *m.*

M

machine *n.* peiriant *m.*
mad *adj.* gwallgo
madam *n.* madam *f.*
magic *n., adj.* hud *m.*
magician *n.* dewin *m.*
magnet *n.* magned *m.*
maid *n.* morwyn *f.*
mail *n.* post *m.*
main *adj.* prif
majority *n.* mwyafrif *m.*
make *n.* gwneud
makeup *n.* colur *m.*
male *adj.* gwrywaidd; *n.* gwryw *m.*
mall *n.* canolfan siopa *f.*
mail *v.* postio; *n.* post *m.*
man *n.* dyn *m.*
manager *n.* rheolwr *m.*
manner *n.* dull *m.*
many *n.* llawer *m.*
map *n.* map *m.*
March *n.* Mawrth *m.*
margin *n.* ymyl *f.*
marine *adj.* morol
mark *v.* marcio; *n.* marc *m.*
market *n.* marchnad *f.; v.* marchnata
marriage *n.* priodas *f.*
marry *v.* priodi
masculine *adj.* gwrywaidd
mask *n.* masg *m.*
mass *n.* torf *f.* (*crowd*)
master *adj.* prif; *n.* meistr *m.*
match *v.* cyfateb; *n.* gêm *f.*
material *n.* deunydd *m.*
maternity *n.* mamolaeth *f.*
matter *n.* mater *m.*
mattress *n.* matras *m.*
mature *adj.* aeddfed
maturity *n.* aeddfedrwydd *m.*
maximum *n.* mwyafswm *m.*
May *n.* Mai *m.*
maybe *adv.* efallai
meal *n.* pryd *m.*

mean *v.* golygu; *adj.* cas
meaning *n.* ystyr *mf.*
means *n.* modd *m.*
measure *v.* mesur; *n.* mesuriad *m.*
meat *n.* cig *m.*
mechanic *n.* mecanig *m.*
medal *n.* medal *mf.*
medical *adj.* meddygol
medication *n.* moddion *pl.*
Mediterranean Sea *n.* Y Môr Canoldir *m.*
meet *v.* cyfarfod, cwrdd
meeting *n.* cyfarfod *m.*
melt *v.* toddi, dadlaith, dadmer
member *n.* aelod *m.* **Member of Parliament** Aelod Seneddol; **Member of Welsh Senedd (Parliament)** Aelod Senedd Cymru
memorize *v.* cofio
memory *n.* cof *m.*
mention *v.* sôn, crybwyll
menu *n.* bwydlen *f.* (*food*), dewislen *f.* (*computer*)
Merry Christmas! *inter.* Nadolig Llawen!
mess *n.* llanast *m.*
message *n.* neges *f.*
metal *n.* metel *m.*
meter *n.* metr *m.*
middle *n.* canol *m.*
midnight *n.* canol nos *m.*
mild *adj.* tyner (*gentle*), gwan (*weak*)
mile *n.* milltir *f.*
milestone *n.* carreg filltir *f.*
military *adj.* milwrol
milk *n.* llaeth *m.* (*S.W.*), llefrith *m.* (*N.W.*)
mill *n.* melin *f.*
million *n.* miliwn *f.*
mind *n.* meddwl *m.*
minimum *m.* minimwm *m.*, lleiafswm *m.*
minister *n.* gweinidog *m.*
minor *adj.* lleiaf
minority *n.* lleiafrif *m.*
mint *n.* mintys *m.*
minus *n.* minws *m.*
minute *n.* munud *mf.; bach* iawn *adj.*
mirror *n.* drych *m.*
miss *v.* colli, methu
mistake *n.* camsyniad *m.*

mister *n.* meistr *m.*
mix *v.* cymysgu
model *n.* model *m.*
modem *n.* modem *m.*
moderate *adj.* cymedrol
modern *adj.* modern
modify *v.* addasu
moist *adj.* llaith
moisture *n.* lleithder *m.*
moment *n.* moment *f.*, eiliad *f.*
monastery *n.* mynachlog *f.*
Monday *n.* Llun *m.*, dydd Llun
money *n.* arian *pl.*
monk *n.* mynach *m.*
monkey *n.* mwnci *m.*
monster *n.* anghenfil *m.*
month *n.* mis *m.*
monument *n.* cofadail *m.*
mood *n.* tymer *f.*
moon *n.* lleuad *f.*
more *adj.* mwy
morning *n.* bore *m.*
mortgage *n.* morgais *m.*
mosque *n.* mosg *m.*
most *adj.* mwyaf
mother *n.* mam *f.*
mother-in-law *n.* mam yng nghyfraith *f.*
motion *n.* symudiad *m.* (*movement*), cynnig *m.*
    (*conference*)
motive *n.* cymhelliad *m.*
motorbike *n.* beic modur *m.*
mountain *n.* mynydd *m.*
mouse *n.* llygoden *f.*
moustache *n.* mwstás *m.*
mouth *n.* ceg *f.*
move *v.* symud
movie *n.* ffilm *f.*
much *n.* llawer *m.*
mud *n.* llaid *m.*, mwd *m.*
multiply *v.* lluosi
murder *v.* llofruddio
murderer *n.* llofrudd *m.*
muscle *n.* cyhyr *m.*
museum *n.* amgueddfa *f.*
mushroom *n.* madarchen *f.*

music *n.* cerddoriaeth *f.*
musician *n.* cerddor *m.*
Muslim *n.* Mwslim *m.f.*
must *n.* rhaid *m.*; **I ~** mae rhaid i fi
mustard *n.* mwstard *m.*
mute *adj.* mud

N

nail *n.* hoelen *f.* (*metal*), ewin *m.* (*finger*)
naked *adj.* noeth
name *n.* enw *m.*
nap *n.* cyntun *m.*
napkin *n.* clwt *m.*
narrow *adj.* cul
nation *n.* cenedl. *f.*
native *adj.* brodorol
natural *adj.* naturiol
nature *n.* natur *f.*
nausea *n.* cyfog *m.*
navel *n.* botwm bol *m.*
navy *n.* llynges *f.*
near *prep.* yn ymyl, ger
nearly *adv.* bron
neat *adj.* taclus
necessary *adj.* angenrheidiol
neck *n.* gwddf *m.*
necklace *n.* mwclis *pl.*
need *n.* angen *m.*; **I ~** mae angen arna i
needle *n.* nodwydd *f.*
negative *adj.* negyddol
neighbour *n.* cymydog *m.*
neighbourhood *n.* cymdogaeth *f.*
nephew *n.* nai *m.*
nerve *n.* nerf *m.*
nervous *adj.* nerfus
nest *n.* nyth *f.*
net *n.* rhwyd *f.*
network *n.* rhwydwaith *m.*
neutral *adj.* niwtral
never *adv.* byth
new *adj.* newydd; **Happy ~ Year** Blwyddyn Newydd Dda
news *n.* newyddion *pl.*
newspaper *n.* papur newydd *m.*
next *adj.* nesa

nice adj. neis
niece n. nith f.
night n. nos f.
nightmare n. hunllef mf.
nine num. naw
no adv. na
nobody pron. neb
noise n. sŵn m.
none n. dim m.
noon n. canol dydd m.
normal adj. normal
north n. gogledd m.
nose n. trwyn m.
nosy adj. busneslyd
not adv. ddim
note n. nodyn m.
notebook n. llyfr nodiadau m.
nothing n. dim m.
notice n. hysbysiad m.; v. sylwi
notify v. rhoi gwybod, hysbysu
noun n. enw m.
nourishing adj. maethlon
novel n. nofel f.
November n. Tachwedd m.
now adv. yn awr, nawr
nowadays adv. heddiw
nowhere adv. ddim yn unman
nude adj. noeth
number n. rhif m.
numerous adj. niferus
nun n. lleian f.
nurse n. nyrs mf.
nut n. cneuen f.

O

obese adj. gordew
object n. gwrthrych m.
objection n. gwrthwynebiad m.
observe v. sylwi
obstacle n. rhwystr m.
obtain v. cael
obvious adj. amlwg
occasion n. achlysur m.
occasionally adv. weithiau

occupation n. galwedigaeth f.
occupy v. meddiannu
occur v. digwydd
ocean n. cefnfor m.
October n. Hydref m.
odd adj. rhyfedd
of prep. o + S.M.
of course wrth gwrs
offend v. tramgwyddo
offer v. cynnig; n. cynnig m.
office n. swyddfa f.
official adj. swyddogol; n. swyddog m.
often adv. yn aml
oil n. olew m.
old adj. hen
old fashioned adj. hen ffasiwn
on prep. ar + S.M.
once adv. unwaith
one num. un
onion n. wynwynen f.
only adv. yn unig
open adj. agored; adv. ar agor
operate v. gweithredu
operation n. llawdriniaeth f. (hospital)
operator n. gweithredwr m.
opinion n. barn f.
opponent n. gwrthwynebydd m.
oppose v. gwrthwynebu
opposite prep. gyferbyn â + ASP.M.
optician n. optegydd m.
option n. dewis m.
or conj. neu + S.M.
oral adj. llafar
orange n. oren m.
orchestra n. cerddorfa f.
order n. archeb f., gorchymyn m. (command); v. archebu, gorchymyn (command)
ordinary adj. cyffredin
organ n. organ mf.
organisation n. corff m.
organise v. trefnu
other adj. arall
ounce n. owns f.
out adv. allan
outdoor adv. awyr agored

outside *adv.* y tu allan
oven *n.* ffwrn *f.*
over *prep.* dros + *S.M.*
overcoat *n.* cot *f.*, cot fawr *f.*
owe *v.* ar + *S.M.*; **I ~ you ten pounds** mae arna i ddeg punt i chi
own *v.* perchenogi; gan + *S.M.* **I ~ a car** mae car gen i
owner *n.* perchennog *m.*
oxygen *n.* ocsigen *m.*

P

pack *v.* pacio; *n.* pecyn *m.*
page *n.* tudalen *mf.*
pain *n.* poen *mf.*
painful *adj.* poenus
paint *n.* paent *m.*
painting *n.* peintiad *m.*, darlun *m.*
pair *n.* pâr *m.*
pyjamas *n.* pyjamas *m.*
pale *adj.* gwelw
pan *n.* padell *f.*
pants *n.* pans *m.*, trôns *m.*
paper *n.* papur *m.*
parents *n.* rhieni *mpl.*
park *n.* parc *m.*; *v.* parcio.
parking lot *n.* lle parcio *m.*
Parliament *n.* senedd; **Welsh Parliament** Senedd Cymru
part *n.* rhan *f.*
part-time *adj.* rhan-amser
partner *n.* partner *m.*
party *n.* parti *m.*
pass *v.* pasio; *n.* bwlch *m.* (*mountain*), pàs *m.* (*ticket*)
passenger *n.* teithiwr *m.*
passport *n.* pasbort *m.*
past *n.* gorffennol *m.*
pastry *n.* toes *m.*
path *n.* llwybr *m.*
patient *n.* claf *m.*; *adj.* amyneddgar
paw *n.* pawen *f.*
pay *v.* talu; *n.* tâl *m.*
payment *n.* tâl *m.*, taliad *m.*
peace *n.* heddwch *m.*
peak *n.* copa *m.*

pearl *n.* perl *m.*
pebble *n.* carreg *f.*
pedal *n.* pedal *m.*
pedestrian *n.* cerddwr *m.*
pen *n.* ysgrifbin *m.*
pencil *n.* pensil *mf.*
people *n.* pobl *f.*
pepper *n.* pupur *m.*
percent *adv.* y cant
perfect *adj.* perffaith
perfume *n.* persawr *m.*
perhaps *adv.* efallai
period *n.* cyfnod *m.*
permit *v.* caniatáu
person *n.* person *m.*
personal *adj.* personol
pet *n.* anifail anwes *m.*
pharmacy *n.* fferyllfa *f.*
phone *n.* ffôn *m.*
phonebook *n.* llyfr ffôn *m.*
photo *n.* ffotograff *m.*
photocopy *n.* llungopi *m.*
photograph *n.* ffotograff *m.*
phrase *n.* ymadrodd *m.*
physical *adj.* corfforol
picnic *n.* picnic *m.*
picture *n.* darlun *m.*
pie *n.* pei *f.*
piece *n.* darn *m.*
pile *n.* pentwr *m.*
pill *n.* pilsen *f.*
pillow *n.* clustog *f.*
pilot *n.* peilot *m.*
pin *n.* pìn *m.*
pinch *v.* pinsio
pink *adj.* pinc
pint *n.* peint *m.*
pipe *n.* piben *f.*
place *n.* lle *m.*
plain *adj.* plaen
plan *n.* cynllun *m.*
planet *n.* planed *f.*
plant *n.* planhigyn *m.*
plastic *adj.* plastig
plate *n.* plât *m.*

play *v.* chwarae
please *adv.* os gwelwch yn dda
pleasure *n.* pleser *m.*
plug *n.* plwg *m.*
plumber *n.* plymer *m.*
plural *adj.* lluosog
plus *prep.* plws
pocket *n.* poced *f.*
pocketknife *n.* cyllell boced *f.*
poetry *n.* barddoniaeth *f.*
point *n.* pwynt *m.*
poison *n.* gwenwyn *m.*
poisonous *adj.* gwenwynig
pole *n.* polyn *m.*
police *n.* heddlu *m.*
police officer *n.* heddwas *m.*
police station *n.* gorsaf heddlu *f.*
policy *n.* polisi *m.*
polite *adj.* cwrtais
political *adj.* gwleidyddol
politics *n.* gwleidyddiaeth *f.*
pond *n.* pwll *m.*
pony *n.* merlyn *m.*
pool *n.* pwll *m.*; **swimming ~** pwll nofio
poor *adj.* tlawd
pope *n.* pab *m.*
population *n.* poblogaeth *f.*
pork *n.* porc *m.*
portrait *n.* portread *m.*
position *n.* safle *m.*
positive *adj.* cadarnhaol
possible *adj.* posibl
post *n.* post *m.*; **~ office** swyddfa bost *f.*; **~ code** cod post *m.*; postio *v.*
postcard *n.* cerdyn post *m.*
pot *n.* pot *m.*
pottery *n.* crochenwaith *m.*
poultry *n.* ieir *pl.*
pound *n.* punt *f.* (£), pwys *m.* (*lb*)
our *pron.* ein
powder *n.* powdr *m.*
power *n.* pŵer *m.*
practical *adj.* ymarferol
pray *v.* gweddïo
prayer *n.* gweddi *f.*

prefer *v.* gwell; **I ~** mae'n well gen i
pregnant *adj.* beichiog
prepare *v.* paratoi
prescription *n.* papur meddyg *m.*
present *adj.* presennol; *v.* cyflwyno
president *n.* llywydd *m.*; arlywydd *m.* (*of country*)
press *n.* gwasg *f.*; *v.* gwasgu
pressure *n.* gwasgedd *m.*; pwysau *pl.*
pretty *adj.* pert
prevent *v.* rhwystro, atal
price *n.* pris *m.*
pride *n.* balchder *m.*
priest *n.* offeiriad *m.*
prime minister *n.* prif weinidog *m.*
principal *adj.* prif; *n.* pennaeth *m.*, prifathro *m.*
principle *n.* egwyddor *f.*
prison *n.* carchar *m.*
prisoner *n.* carcharor *m.*
privacy *n.* preifatrwydd *m.*
private *adj.* preifat
privilege *n.* braint *f.*
probably *adv.* yn ôl pob tebyg
problem *n.* problem *f.*
produce *v.* cynhyrchu
product *n.* cynnyrch *m.*
profession *n.* proffesiwn *m.*
professor *n.* athro *m.*
profit *n.* elw *m.*
programme *n.* rhaglen *f.*
progress *n.* cynnydd *m.*
prohibit *v.* gwahardd
project *n.* prosiect *m.*
promise *v.* addo
proof *n.* prawf *m.*
property *n.* eiddo *m.*
proposal *n.* cynnig *m.*
propose *v.* cynnig
protect *v.* amddiffyn
protection *n.* amddiffyniad *m.*
protest *n.* protest *f.*; *v.* protestio
Protestant *n.* Protestant *m.*
proud *adj.* balch
prove *v.* profi
proverb *n.* dihareb *f.*
provide *v.* darparu

pub n. tafarn mf.
public n. cyhoedd m.; adj. cyhoeddus; ~ **transport**
   cludiant cyhoeddus
publish v. cyhoeddi
publisher n. cyhoeddwr m.
pull v. tynnu
pulse n. pyls m., curiad calon m.
pump n. pwmp m.
purchase v. prynu
pure adj. pur
purple adj. porffor
purpose n. pwrpas m.
purse n. pwrs m.
push v. gwthio
put v. rhoi

Q

quality n. ansawdd mf.
quantity n. swm. m.
quarter n. chwarter m.
queen n. brenhines f.
question n. cwestiwn m.
quick adj. cyflym
quiet adj. tawel
quilt n. carthen f.
quite adv. eitha
quote v. dyfynnu; n. dyfyniad m.

R

rabbi n. rabi m.
rabbit n. cwningen f.
race n. ras f.
racism n. hiliaeth f.
radio n. radio m.
rage n. dicter m.
rain n. glaw m.; v. bwrw glaw
rainbow n. enfys f.
raincoat n. cot law f.
rainy adj. glawiog
raise v. codi
range n. amrediad m.
rape n. trais m.; v. treisio
rare adj. prin

rash n. brech f.; adj. byrbwyll
rat n. llygoden fawr f.
rate n. cyfradd f.
raw adj. amrwd
razor n. eilliwr m.
razor blade n. llafn eillio mf.
react v. adweithio
reaction n. adwaith m.
read v. darllen
reader n. darllenydd m.
ready adj. parod
real adj. gwirioneddol, real
reality n. gwirionedd m.
realise v. sylweddoli
rear n. cefn m.
reason n. rheswm m.
recall v. cofio
receipt n. derbynneb f.
receive v. derbyn
recent adj. diweddar
recipe n. rysáit mf.
recommend v. argymell
record n. record f., cofnod m. (note); recordio v.,
   cofnodi v.
recover v. adfer
red adj. coch
reduce v. lleihau
reduction n. lleihad m.
refer v. cyfeirio
referee n. dyfarnwr m.
refrigerator n. oergell f.
refund v. ad-dalu; n. ad-daliad m.
regard v. ystyried
Regards! inter. Cofion!
regarding prep. ynglŷn â + ASP.M.
region n. ardal f.
regret v. edifarhau
regular adj. cyson, rheolaidd
relationship n. perthynas f.
relax v. ymlacio
reliable adj. dibynadwy
religion n. crefydd f.
religious adj. crefyddol
rely v. dibynnu
remain v. aros

remark *n.* sylw *m.*
remember *v.* cofio
remind *v.* atgoffa
remove *v.* symud
renew *v.* adnewyddu
renovate *v.* adnewyddu
renown *n.* enwogrwydd *m.*
rent *n.* rhent *m.*; *v.* rhentu
repair *v.* trwsio
repeat *v.* ailadrodd
replace *v.* disodli
reply *v.* ateb; *n.* ateb *m.*
report *v.* adrodd; *n.* adroddiad *m.*
republic *n.* gweriniaeth *f.*
reputation *n.* enw da *m.*
request *v.* gwneud cais; *n.* cais *m.*
require *v.* angen *m.*; **I ~** mae angen arna i
rescue *v.* achub
research *n.* ymchwil *f.*
reserve *v.* cadw lle
resort *n.* man gwyliau *mf.*
respect *n.* parch *m.*; *v.* parchu
respond *v.* ymateb
response *n.* ymateb *m.*
responsibility *n.* cyfrifoldeb *m.*
responsible *adj.* cyfrifol
rest *v.* gorffwys; *n.* **~ room** ystafell orffwys *f.*
restaurant *n.* bwyty *m.*
restore *v.* adfer
restrict *v.* cyfyngu
result *n.* canlyniad *m.*
retire *v.* ymddeol
return *v.* dychwelyd
reverse *v.* cefnu
review *v.* adolygu; *n.* adolygiad *m.*
reward *v.* gwobrwyo
rhythm *n.* rhythm *m.*
rib *n.* asen *f.*
ribbon *n.* rhuban *m.*
rice *n.* reis *m.*
rich *adj.* cyfoethog
ride *v.* marchogaeth
right *adj.* iawn (*correct*), de (*side*)
ring *n.* cylch *m.* (*circle*), modrwy *f.* (*finger*)
rinse *v.* golchi, rinsio

riot *n.* terfysg *m.*
ripe *adj.* aeddfed
rise *v.* codi
risk *n.* risg *f.*
river *n.* afon *f.*
road *n.* heol *f.*
rob *v.* lladrata
rock *n.* craig *f.*
role *n.* rôl *f.*
roll *v.* rholio
roof *n.* to *m.*
room *n.* stafell *f.*, ystafell *f.*
rope *n.* rhaff *f.*
rotten *adj.* pwdr
round *adj.* crwn
route *n.* ffordd *f.*
row *n.* rhes *f.*
royal *adj.* brenhinol
rubbish *n.* sbwriel *m.*; **~ bin** bin sbwriel
rude *adj.* anfoesgar
ruin *n.* adfail *m.*; *v.* difetha
rule *n.* rheol *f.*; *v.* rheoli
run *v.* rhedeg
rush *v.* rhuthro
rust *n.* rhwd *m.*

S

sad *adj.* trist
safe *adj.* diogel, saff; *n.* seff *f.*
safety *n.* diogelwch *m.*
sail *v.* hwylio
sailor *n.* morwr *m.*
salad *n.* salad *m.*
salary *n.* cyflog *mf.*
sale *n.* gwerthiant *m.*; sêl *f.*
salt *n.* halen *m.*
same *adj.* tebyg, yr un
sample *n.* sampl *m.*
sand *n.* tywod *m.*
sandal *n.* sandal *mf.*
Santa Claus *n.* Siôn Corn *m.*
satisfy *v.* bodloni
Saturday *n.* Sadwrn *m.*, dydd Sadwrn
savoury *adj.* sawrus

say *v.* dweud
scale *n.* graddfa *f.*
scar *n.* craith *f.*
scarf *n.* sgarff *f.*
scenery *n.* golygfa *f.*
scent *n.* persawr *m.*
schedule *n.* amserlen *f.* (*timetable*); *n.* trefnlen *f.* (*order*)
scholarship *n.* ysgoloriaeth *f.*
school *n.* ysgol *f.*
science *n.* gwyddoniaeth *f.*
scientific *adj.* gwyddonol
scissors *n.* siswrn *m.*
scratch *v.* crafu
scream *v.* gweiddi, sgrechian; *n.* sgrech *f.*
screen *n.* sgrin *f.*
screw *n.* sgriw *f.*
sea *n.* môr *m.*
search *v.* chwilio
seasickness *n.* salwch môr *m.*
season *n.* tymor *m.*
seat *n.* sedd *f.*
seat belt *n.* gwregys diogelwch *m.*
seaweed *n.* gwymon *m.*
second *n.* eiliad *f.*; *adj.* ail
secret *n.* cyfrinach *f.*
secretary *n.* ysgrifennydd *m.*, ysgrifenyddes *f.*
security *n.* diogelwch *m.*
see *v.* gweld
seed *n.* hedyn *m.*
seem *v.* ymddangos
seize *v.* gafael
select *v.* dethol
selection *n.* detholiad *m.*
self *pron.* hunan
self-service *n.* hunanwasanaeth *m.*
sell *v.* gwerthu
send *v.* anfon
senior citizen *n.* pensiynwr *m.*
sentence *n.* brawddeg *f.*; dedfryd *f.* (*law*)
separate *v.* gwahanu; *adj.* ar wahân
separation *n.* gwahaniad *m.*
September *n.* Medi *m.*
series *n.* cyfres *f.*
serious *adj.* difrifol

service *n.* gwasanaeth *m.*
set *n.* set *f.*; *v.* gosod
settle *v.* ymsefydlu, setlo
seven *num.* saith
several *pron.* sawl
sew *v.* gwnïo
shade *n.* cysgod *m.*; *v.* cysgodi
shake *v.* ysgwyd; **~ hands** ysgwyd llaw
shame *n.* cywilydd *m.*
shampoo *n.* siampŵ *m.*
shape *n.* siâp *m.*
share *v.* rhannu
shark *n.* siarc *m.*
sharp *adj.* miniog
shave *v.* eillio
she *pron.* hi
sheet *n.* dalen *f.*; cynfas *m.* (*bed*)
shelf *n.* silff *f.*
shell *n.* cragen *f.*
shelter *n.* cysgod *m.*; *v.* cysgodi
shine *v.* disgleirio
ship *n.* llong *f.*
shirt *n.* crys *m.*
shit *n. v.* cachu
shock *n.* sioc *mf.*
shoe *n.* esgid *f.*
shoot *v.* saethu
shop *n.* siop *f.*
shore *n.* glan *f.*
short *adj.* byr
shorten *v.* byrhau
shot *n.* ergyd *f.*
should, I *v.* dylwn i
shoulder *n.* ysgwydd *f.*
shout *v.* gweiddi; *n.* gwaedd *f.*
show *v.* dangos; *n.* sioe *f.*
shower *n.* cawod *f.*
shrink *v.* cwtogi
shut *v.* cau
sick *adj.* sâl; *n.* cyfog *m.*
side *n.* ochr *f.*
sight *n.* golwg *mf.*
sign *n.* arwydd *mf.*; *v.* llofnodi
signal *n.* arwydd *mf.*, signal *m.*
signature *n.* llofnod *m.*

silence *n.* tawelwch *m.*
silent *adj.* tawel
silk *n.* sidan *m.*
silly *adj.* ffôl, twp
silver *n.* arian *m.*
similar *adj.* tebyg
simple *adj.* syml
since *prep.* er, ers
sincerely *adv.* yn gywir
sing *v.* canu
singer *n.* canwr *m.*, cantor *m.*, cantores *f.*
single *adj.* sengl
sink *n.* sinc *m.*
sip *v.* llymeitian
sir *n.* syr *m.*
sister *n.* chwaer *f.*
sister-in-law *n.* chwaer yng nghyfraith *f.*
sit *v.* eistedd
site *n.* safle *m.*
six *num.* chwech, chwe
size *n.* maint *m.*
skate *v.* sglefrio
ski *v.* sgio
skin *n.* croen *m.*
skirt *n.* sgert *f.*
sky *n.* awyr *f.*
slang *n.* slang *m.*
sleep *v.* cysgu
sleeping bag *n.* sach gysgu *f.*
sleeve *n.* llawes *f.*
slice *n.* tafell *f.*
slide *v.* llithro
slipper *n.* llopan *m.*, sliper *f.*
slope *n.* llethr *mf.*
slow *adj.* araf
small *adj.* bach
smart *adj.* golygus (*handsome*), clyfar, deallus (*intelligent*)
smell *v.* arogli; *n.* arogl *m.*
smile *v.* gwenu
smoke *n.* mwg *m.*
snack *n.* byrbryd *m.*
snake *n.* neidr *f.*
sneeze *v.* tisian
snore *v.* chwyrnu

snow *n.* eira *m.*; *v.* bwrw eira
so *adv.* felly
soak *v.* gwlychu
soap *n.* sebon *m.*
soccer *n.* pêl-droed *f.*
sock *n.* hosan *f.*
sofa *n.* soffa *f.*
soft *adj.* meddal
soil *n.* pridd *m.*; *v.* trochi
some *pron.* rhai
somebody *pron.* rhywun
something *pron.* rhywbeth
sometimes *adv.* weithiau
son *n.* mab *m.*
song *n.* cân *f.*
son-in-law *n.* mab yng nghyfraith *m.*
soon *adv.* yn fuan
sore *adj.* dolurus
sorrow *n.* galar *m.*
sorry *adj.* blin; **I'm ~** mae'n flin gen i
sound *n.* sain *f.*; *adj.* cadarn
soup *n.* cawl *m.*
sour *adj.* sur
south *n.* de *m.*
souvenir *n.* cofrodd *f.*
space *n.* gofod *m.*
Spain *n.* Sbaen *f.*
Spaniard *n.* Sbaenwr *m.*; Sbaenes *f.*
Spanish *n.* Sbaeneg *f.* (*language*); *adj.* Sbaenaidd
speak *v.* siarad
special *adj.* arbennig
spectator *n.* gwyliwr *m.*
speech *n.* araith *f.*
speed *n.* cyflymder *m.*
spell *v.* sillafu
spend *v.* gwario (*money*), treulio (*time*)
spider *n.* pryf cop *m.*
spine *n.* asgwrn cefn *m.*
spit *v.* poeri
spoil *v.* sbwylio, difetha
sponge *n.* sbwng *m.*
spoon *n.* llwy *f.*; **tea ~** llwy de; **table ~** llwy fwrdd
sport *n.* chwaraeon *pl.*
spring *n.* sbring *m.*
square *n.* sgwâr *m.*

stadium *n.* stadiwm *m.*
stage *n.* llwyfan *mf.*
stain *n.* staen *m.*
stairs *n.* grisiau *pl.*
stamp *n.* stamp *m.*
star *n.* seren *f.*
start *v.* dechrau, cychwyn
starve *v.* llwgu
state *n.* cyflwr *m.* (*condition*), gwladwriaeth *f.* (*country*)
station *n.* gorsaf *f.*
statue *n.* cerflun *m.*
stay *v.* aros
steady *adj.* cyson (*regular*), cadarn (*strong*)
steak *n.* stecen *f.*
steal *v.* dwyn, lladrata
steam *n.* ager *m.*
step *n.* gris *m.*; *v.* camu
still *adv.* o hyd; *adj.* llonydd
sting *v.* pigo
stink *v.* drewi
stitch *n.* pwyth *m.*
stocking *n.* hosan *f.*
stomach *n.* stumog *f.*
stone *n.* carreg *f.*
stool *n.* stôl *f.*
stop *v.* aros
store *n.* siop *f.*
storm *n.* storm *f.*
story *n.* stori *f.*
stove *n.* ffwrn *f.*
straight *adj.* syth
strange *adj.* rhyfedd
stranger *n.* dieithryn *m.*
straw *n.* gwelltyn *m.* (*drinking*): **gwellt** *pl* (hay)
stream *n.* nant *f.*
street *n.* stryd *f.*
strength *n.* cryfder *m.*
stress *n.* straen *mf.*
string *n.* llinyn *m.*
stroke *n.* ergyd *f.* (*shot*), cur calon *m.* (*heart*)
strong *adj.* cryf
student *n.* myfyriwr *m.*
study *v.* astudio; *n.* astudiaeth *f.*
stuff *n.* defnydd *m.*; *v.* stwffio
stupid *adj.* ffôl

subject *n.* pwnc *m.*
subtract *v.* tynnu
suburb *n.* maestref *f.*
success *n.* llwyddiant m.
such *adj.* o'r math
suck *v.* sugno
suffer *v.* dioddef
sugar *n.* siwgr. *m.*
suicide *n.* hunanladdiad *m.*
suit *n.* siwt *f.*; *v.* siwtio
suitcase *n.* cês *m.*
sum *n.* swm *m.*
summer *n.* haf *m.*
sun *n.* haul *m.*
Sunday *n.* Sul *m.*, dydd Sul
sunflower *n.* blodyn haul *m.*
sunglasses *n.* sbectol haul *f.*
sunny *adj.* heulog
sunrise *n.* codiad haul *m.*
sunset *n.* machlud *m.*
sunstroke *n.* trawiad haul *m.*
supermarket *n.* archfarchnad *f.*
supper *n.* swper *m.*
sure *adj.* siŵr
surgeon *n.* llawfeddyg *m.*
surgery *n.* meddygfa *f.*
surroundings *n.* cynefin *m.*
survive *v.* goroesi
swallow *v.* llyncu
swamp *n.* cors *f.*
swear *v.* rhegi, tyngu (*oath*)
sweat *n.* chwys *m.*; *v.* chwysu
sweater *n.* siwmper *f.*
sweep *v.* ysgubo
sweet *adj.* melys
swell *v.* chwyddo; *adj.* swanc
swim *v.* nofio
swimming pool *n.* pwll nofio
swimsuit *n.* siwt nofio *f.*
swing *n.* siglen *f.*; *v.* siglo
Swiss *n.* Swisiad *m.* (*person*)
switch *v.* newid; *n.* swits *f.*
Switzerland *n.* Y Swistir *f.*
symptom *n.* symptom *m.*
synagogue *n.* synagog *m.*

T

table *n.* bwrdd *m.*, tabl *m.* (*figures*)
tablecloth *n.* lliain bwrdd *m.*
tablespoon *n.* llwy fwrdd *f.*
tailor *n.* teiliwr *m.*
take *v.* cymryd, mynd â + *S.M.*; ~ **care** cymerwch ofal;
~ **off** diosg (*clothes*), codi (*aeroplane*)
talk *v.* siarad
tall *adj.* tal
tan *n.* lliw haul *m.*
tap *n.* tap *m.*; ~ **water** dŵr tap *m.*
target *n.* targed *m.*
taste *n.* blas *m.*; *v.* blasu
tasty *adj.* blasus
tattoo *n.* tatŵ *m.*
tax *n.* treth *f.*; *v.* trethu
taxi *n.* tacsi *m.*
tea *n.* te *m.*
teach *v.* dysgu
teacher *n.* athro *m.*, athrawes *f.*
team *n.* tîm *m.*
teapot *n.* tebot *m.*
tear *n.* deigryn *m.*; *v.* rhwygo
tease *v.* poeni
teaspoon *n.* llwy de *f.*
teenager *n.* arddegwr *m.*
telephone *n.* teleffôn *m.*; ffôn *m.*; ~ **number** rhif ffôn;
v. ffonio
television *n.* teledu *m.*
tell *v.* dweud; **to ~ someone** dweud wrth rywun
temper *n.* tymer *f.*
temperature *n.* tymheredd *m.*, gwres *m.* (*fever*)
temple *n.* teml *f.*
temporary *adj.* dros dro
ten *num.* deg
tenant *n.* tenant *m.*
tennis *n.* tennis *m.*
tent *n.* pabell *f.*
tepid *adj.* claear
terrace *n.* teras *m.*
terrible *adj.* ofnadwy
text *n.* testun
textbook *n.* llyfr gosod *m.*

than *conj.* na + *ASP.M.*
thank *v.* diolch; ~ **you!** Diolch i chi!; ~ **you very
much!** Diolch yn fawr!
thankful *n.* diolchgar
that *rel. pron.* bod (*with long forms of verbs*), a + *S.M*
(*with short forms of verbs*); *adj.* hwnnw *m.*, honno *f.*
thaw *v.* meirioli, toddi, dadlaith
the *art.* y, yr, 'r
theatre *n.* theatr *f.*
theft *n.* lladrad *m.*
them *pron.* nhw
then *adv.* yna, wedyn
there *adv.* yno
thermometer *n.* thermomedr *m.*
they *pron.* nhw
thick *adj.* trwchus
thickness *n.* trwch *m.*
thief *n.* lleidr *m.*
thigh *n.* clun *f.*
thin *adj.* tenau
thing *n.* peth *m.*
think *v.* meddwl
third *ord.* trydydd
thirst *n.* syched *m.*
thirsty *adj.* sychedig
this *adj.* hwn *m.*, hon *f.*
thought *n.* syniad *m.*
thousand *num.* mil *f.*
threat *n.* bygythiad *m.*
threaten *v.* bygwth
three *num.* tri *m.* tair *f.*
throat *n.* llwnc *m.*
through *prep.* trwy + *S.M.*
throw *v.* taflu
thumb *n.* bawd *mf.*
thunder *n.* taran *f.*
thunderstorm *n.* storm mellt a tharanau *f.*
Thursday *n.* Iau *m.*, dydd Iau
ticket *n.* tocyn *m.*
tickle *v.* cosi
tide *n.* llanw *m.*
tie *v.* clymu
time *n.* amser *m.*
tire *v.* blino
tired *adj.* wedi blino

title *n.* teitl *m.*

to *prep.* i + *S.M.*

tobacco *n.* baco *m.*

today *adv.* heddiw

toe *n.* bys troed *m.*

together *adv.* gyda'i gilydd

toilet *n.* tŷ bach *m.*, toiled *m.*; **~ paper** papur tŷ bach

toll *n.* toll *f.*

tomb *n.* bedd *m.*

tomorrow *adv.* yfory

tongue *n.* tafod *m.*

tonight *adv.* heno

tonsil *n.* tonsil *m.*

too *adv.* hefyd

tool *n.* offeryn *m.*

tooth *n.* dant *m.*

toothache *n.* dannodd *f.*

toothbrush *n.* brwsh dannedd *m.*

toothpaste *n.* past dannedd *m.*

top *adj.* prif (*chief*); *n.* pen *m.*

toss *v.* taflu

total *n.* cyfanswm *m.*

touch *v.* cyffwrdd

tough *adj.* gwydn

tour *n.* taith *f.*

tourism *n.* twristiaeth *f.*

tourist *n.* twrist *m.*

tourist office *n.* swyddfa groeso *f.*

tow *v.* tynnu

toward *prep.* tuag at + *S.M.*

towel *n.* tywel *m.*

tower *n.* twˆr *m.*

town *n.* tref *f.*

toy *n.* tegan *m.*

track *n.* llwybr *m.*

trade *n.* masnach *f.*; *v.* masnachu

tradition *n.* traddodiad *m.*

traffic *n.* traffig *m.*; trafnidiaeth *f.*

trail *n.* llwybr *m.*

train *n.* trên *m.*

translate *v.* cyfieithu

translation *n.* cyfieithiad *m.*

translator *n.* cyfieithydd *m.*

transport *n.* cludiant *m.*

trash *n.* sbwriel *m.*

trash can *n.* bin sbwriel *m.*

travel *v.* teithio

traveller *n.* teithiwr *m.*

tray *n.* hambwrdd *m.*

treasure *n.* trysor *m.*

tree *n.* coeden *f.*

trial *n.* achos *m.* (*law*), arbrawf *m.* (*experiment*)

tribe *n.* llwyth *m.*

tribute *n.* teyrnged *f.*

trouble *n.* trafferth *f.*

trousers *n.* trowsus *m.*

truck *n.* lorri *f.*

true *adj.* gwir

trunk *n.* cist *f.*

trust *n.* ymddiriedaeth *f.*, ymddiriedolaeth *f.* (*organisation*)

truth *n.* gwirionedd *m.*

try *v.* ceisio; *n.* cais *m.* (*rugby*)

Tuesday *n.* Mawrth *m.*, dydd Mawrth

tunnel *n.* twnnel *m.*

turn *n.* tro *m.*; *v.* troi

twelve *num.* deuddeg, un deg dau

twenty *num.* ugain, dau ddeg

twice *adv.* dwywaith

twin *n.* gefell *m.*

two *num.* dau *m.*, dwy *f.*

U

ugly *adj.* salw

ulcer *n.* wlser *m.*

umbrella *n.* ymbarél *mf.*

unable *adj.* analluog

unauthorized *adj.* heb awdurdod

unaware *adj.* heb wybod

unbearable *adj.* annioddefol

unbelievable *adj.* anghredadwy

uncle *n.* ewythr *m.*

uncomfortable *adj.* anghysurus

unconscious *adj.* anymwybodol

under *prep.* dan + *S.M.*

understand *v.* deall

underwear *n.* dillad isaf *pl.*

undo *v.* datod

undress *v.* dadwisgo
uneasy *adj.* pryderus
uneven *adj.* anwastad
unforgettable *adj.* bythgofiadwy
unhappy *adj.* anhapus
unhealthy *adj.* afiach
uniform *n.* ffurfwisg *f.*
union *n.* undeb *m.*
unit *n.* uned *f.*
United States *n.* Unol Daleithiau America *fpl.*
universe *n.* bydysawd *m.*
university *n.* prifysgol *f.*
unknown *adj.* anhysbys
unless *conj.* oni bai
unlike *adj.* annhebyg
unlikely *adv.* yn annhebygol
unpack *v.* dadbacio
unsafe *adj.* anniogel
until *prep.* tan + *S.M.*
unusual *adj.* anarferol
up *adv.* i fyny
upper *adj.* uwch, uchaf
upset *v.* tarfu; *adj.* wedi cyffroi
upside-down *adv.* ben-i-waered
upstairs *adv.* lan llofft, i fyny'r grisiau
up-to-date *adj.* cyfoes
urban *adj.* trefol
urge *v.* annog
urgent *adj.* brys
use *v.* defnyddio
used *adj.* wedi'i ddefnyddio, ail-law (second hand)
usual *adj.* arferol
usually *adv.* fel arfer
utensil *n.* offeryn *m.*
U-turn *n.* tro pedol *m.*

V

vacant *adj.* gwag
vacation *n.* gwyliau *pl.*
vaccinate *v.* brechu
valid *adj.* dilys
valley *n.* cwm *m.*
value *n.* gwerth *m.*
van *n.* fan *f.*

vanilla *n.* fanila *m.*
various *adj.* amrywiol
vegetable *n.* llysieuyn *m.*
vegetarian *n.* llysfwytäwr *m.*
vein *n.* gwythïen *f.*
velvet *n.* melfed *m.*
verb *n.* berf *f.*
verdict *n.* dyfarniad *m.*
versus *prep.* yn erbyn
very *adv.* iawn
veterinarian *n.* milfeddyg *m.*
victim *n.* dioddefwr *m.*
video camera *n.* camera fideo *m.*
view *n.* golygfa *f.*; *v.* gwylio
village *n.* pentref *m.*
vinegar *n.* finegr *m.*
violent *adj.* treisgar
virgin *n.* morwyn *f.*
visa *n.* fisa *m.*
visible *adj.* gweladwy
visit *v.* ymweld; *n.* ymweliad *m.*
visitor *n.* ymwelydd *m.*
vitamin *n.* fitamin *m.*
vocabulary *n.* geirfa *f.*
voice *n.* llais *m.*
volunteer *n.* gwirfoddolwr *m.*
vomit *v.* cyfogi; *n.* cyfog *m.*
vote *v.* pleidleisio; *n.* pleidlais *f.*
vow *v.* addo; *n.* addewid *mf.*
vowel *n.* llafariad *f.*

W

wage *n.* cyflog *mf.*
waist *n.* gwasg *m.*
wait *v.* aros
waiter *n.* gweinydd *m.*
waitress *n.* gweinyddes *f.*
waiting room *n.* ystafell aros *f.*
wake (up) *v.* deffro, dihuno
walk *v.* cerdded
wall *n.* wal *f.*, mur *m.*
wallet *n.* waled *f.*
want *v.* eisiau *m.*; **I ~** mae eisiau … arna i, rydw i eisiau
war *n.* rhyfel *m.*

warm *adj.* cynnes, twym
warn *v.* rhybuddio
wash *v.* golchi, ymolchi (~ *oneself*)
washing machine *n.* peiriant golchi *m.*
wasp *n.* cacynen *f.*
watch *v.* gwylio; *n.* oriawr *f.*, wats *f.*
water *n.* dŵr *m.*
wave *n.* ton *f.*; *v.* chwifio
way *n.* ffordd *f.*
we *pron.* ni
weak *adj.* gwan.
weakness *n.* gwendid *m.*
weapon *n.* arf *f.*
wear *v.* gwisgo
weather *n.* tywydd *m.*
weather forecast *n.* rhagolygon y tywydd *mpl.*
website *n.* gwefan *f.*
wedding *n.* priodas *f.*
wedding ring *n.* modrwy briodas *f.*
Wednesday *n.* dydd Mercher *m.*
week *n.* wythnos *f.*
weekday *n.* dydd gwaith *m.*
weekend *n.* penwythnos *m.*
weigh *v.* pwyso
weight *n.* pwysau *pl.*
weird *adj.* rhyfedd
welcome *v.* croesawu; **you're welcome** croeso *n.*
well *n.* ffynnon *f.*; *adv.* yn dda
west *n.* gorllewin *m.*
wet *adj.* gwlyb
what *interrog.* beth
wheat *n.* gwenith *pl.*
wheel *n.* olwyn *f.*
when *interrog.* pryd
where *interrog.* ble
whether *rel. pron.* a + *S.M.*
which *interrog.* pa + *S.M.*
while *conj.* tra
white *adj.* gwyn
who *interrog.* pwy
whole *adj.* cyfan
why *interrog.* pam
wise *adj.* doeth
widow *n.* gwraig weddw *f.*; gweddw *f.*
widower *n.* gŵr gweddw *m.*

wife *n.* gwraig *f.*
wig *n.* wig *mf.*
wild *adj.* gwyllt
win *v.* ennill
wind *n.* gwynt *m.*
window *n.* ffenest *f.*, ffenestr *f.*
wine *n.* gwin *m.*
wing *n.* adain *f.*
winner *n.* enillydd *m.*
winter *n.* gaeaf *m.*
wipe *v.* sychu
wish *v.* dymuno; *n.* dymuniad *m.*
with *prep.* gyda + *ASP.M.*
without *prep.* heb + *S.M.*
witness *n.* tyst *m.*
woman *n.* menyw *f.*, dynes *f.*
wonderful *adj.* godidog, arbennig
wood *n.* pren *m.*
wool *n.* gwlân *m.*
word *n.* gair *m.*
work *n.* gwaith *m.*; *v.* gweithio
world *n.* byd *m.*
worldwide *adj.* byd-eang
worry *v.* pryderu
worse *adj.* gwaeth
wound *n.* clwyf *m.*
wrap *v.* lapio
wrist *n.* arddwrn *m.*
write *v.* ysgrifennu
writer *n.* ysgrifennwr *m.*; awdur *m.*
wrong *adj.* anghywir

X

X-ray *n.* pelydr X *m.*

Y

yacht *n.* cwch hwylio *m.*
yard *n.* buarth *m.*
yawn *v.* agor pen
year *n.* blwyddyn *f.*
yellow *adj.* melyn
yes *adv.* ie
yesterday *adv.* ddoe

yield *v.* ildio
you *pron.* chi, ti
young *adj.* ifanc
youth *n.* ieuenctid *m.*
youth hostel *n.* hostel ieuenctid *f.*

Z

zero *n.* dim *m.*, sero *m.*
zoo *n.* sw *m.*

SOME NAMES OF COUNTRIES

Awstria	Austria	**Sbaen**	Spain
Cernyw	Cornwall	**Unol Daleithiau America**	USA
Cymru	Wales	**Y Swistir**	Switzerland
Ffrainc	France	**Ynys Manaw**	Isle of Man
Gwlad Belg	Belgium	**Yr Aifft**	Egypt
Gwlad Pŵyl	Poland	**Yr Alban**	Scotland
Iwerddon	Ireland	**Yr Almaen**	Germany
Lloegr	England	**Yr Eidal**	Italy
Llydaw	Brittany	**Yr Iseldiroedd**	Netherlands
Norwy	Norway		

Now move up to...

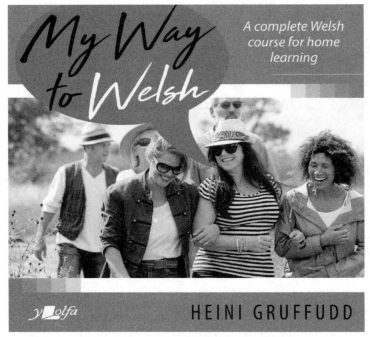

A complete Welsh course for home learning

HEINI GRUFFUDD

Also by Heini Gruffudd: a complete, comprehensive course for home learning or for use as an extra tool for Welsh classes. Sentence structures and grammar principles are presented alongside lively, natural conversations. 288 pages, large format and in full colour with free, downloadable audio files.

£19.99 / double CD set **£12.99**

For a full list of books for Welsh learners, go to our website:
www.ylolfa.com/learners